NomosStudium

Jun.-Prof. Dr. Jörn Griebel, Universität Köln |
Levent Sabanogullari, LL.M. (NYU),
Attorney-at-Law (NY), Universität Heidelberg

# Moot Courts

## Eine Praxisanleitung für Teilnehmer und Veranstalter

Die Deutsche Nationalbibliothek verzeichnet diese Publikation in der Deutschen Nationalbibliografie; detaillierte bibliografische Daten sind im Internet über http://dnb.d-nb.de abrufbar.

ISBN 978-3-8329-6389-7

1. Auflage 2011

# Vorwort

Nachdem wir über viele Jahre hinweg internationale und fakultätsinterne Moot Courts als Teilnehmer, Betreuer, Unterstützer und Organisatoren aufgebaut und begleitet haben, kam die Idee, die dabei gemachten Erfahrungen einmal festzuhalten und damit einer breiteren Studierendenschaft zugänglich zu machen. Einen wesentlichen Impuls hierzu gab auch die Vorbereitung zum 1. Moot Court-Wettbewerb im Bürgerlichen Recht der Rechtswissenschaftlichen Fakultät der Universität zu Köln im Sommersemester 2009. Bei der Vorbereitung des Trainings zum Auftreten, Argumentieren und Vortragen im Moot Court wurde deutlich, dass es keine deutschsprachige Anleitung gab, in der Tipps, Tricks und Kniffe des Moot Courts einmal komprimiert und übersichtlich zusammengefasst worden wären. Das vorliegende Buch sucht diese Lücke sowohl für nationale als auch für internationale Wettbewerbe zu füllen.

Seit Jahrhunderten in der englischen Juristenausbildung fest verankert, finden Moot Courts, d.h. Simulationen von Gerichtsverhandlungen vor fiktiven Gerichten, allmählich auch Eingang in die deutsche Juristenausbildung. Diese seit langem überfällige Entwicklung, die vorläufig noch insbesondere in der Teilnahme von kleinen Teams von Jura-Studierenden an internationalen Rechtswettbewerben ihren Ausdruck findet, steht allerdings noch an ihrem Anfang. Aktuell kommen weit weniger als 2% der Studierenden in den Genuss solcher universitären Angebote. Die Schaffung von Gerichtssälen an einzelnen Rechtsfakultäten gibt allerdings Anlass zu verhaltenem Optimismus. Betrachtet man die Vorzüge von Moot Courts, von denen in der Einleitung dieses Buches noch umfänglich die Rede sein wird, kann man nur hoffen, dass es sich dabei um einen Prozess handelt, der von den Rechtswissenschaftlichen Fakultäten in immer stärkerer Weise aufgegriffen wird. Alle Welt redet von Schlüsselqualifikationen; ein sinnvoll gestalteter Moot Court trainiert sie alle, ausnahmslos, wobei ein noch größerer Gewinn in dem dabei erlangten Verständnis für die Funktionsweise von Recht zu sehen ist. Im Zentrum sollten dabei besonders aber auch Angebote stehen, die sich an eine breite Studierendenschaft richten, wie dies bei Moot Court-Wettbewerben, die ohne

Auswahlverfahren innerhalb einer Fakultät zu Themen des deutschen Rechts angeboten werden, der Fall ist.

Die Rechtswissenschaftliche Fakultät in Köln, die seit vielen Jahren mit großem Erfolg Teams zu internationalen Moot Court-Wettbewerben entsendet, ist derzeit im Begriff, diese neuen Wege im Rahmen eines Innovationsprogramms der Lehre namens „Recht Aktiv" ergänzend zu der klassischen Juristenausbildung zu beschreiten. Seit der erstmaligen Durchführung eines Moot Court-Wettbewerbs im Bürgerlichen Recht im SS 2009 wird den Kölner Studierenden nun regelmäßig ein Angebot gemacht, welches das Studium sehr bereichert und sie anspornt, an internationalen Wettbewerben teilzunehmen und ihre Fähigkeiten mit Studierenden aus der ganzen Welt zu messen. Wenn es das Ziel eines jeden Jura-Studierenden sein sollte, sein Studium zu etwas ganz Besonderem werden zu lassen, sollte neben einem Auslandsstudium gerade auch eine Moot Court-Teilnahme fest auf dem Programm stehen.

Das vorliegende Buch folgt einer doppelten Zielsetzung. Zum einen versteht es sich im Sinne des vermehrten Einsatzes von Moot Courts zu Lehrzwecken als eine Art Anleitung zur Durchführung von Moot Court-Wettbewerben und richtet sich damit an die juristischen Fakultäten sowie Studierendenvertretungen oder -vereinigungen (etwa EL§A) als mögliche Veranstalter solcher Wettbewerbe. Hinsichtlich Argumentationstechnik, Rhetorik und Auftreten der Parteivertreter im Rahmen solcher Moot Courts umfassen sowohl der Teil zu den fakultätsinternen Moot Courts als auch der Teil zu den internationalen Wettbewerben zahlreiche nützliche Hinweise für Teilnehmer an solchen Wettbewerben. Speziell der Teil zu den internationalen Moot Courts adressiert zudem zahlreiche für Betreuer wie Teilnehmer nützliche Hinweise zur Erstellung von Schriftsätzen. Insgesamt soll damit ein Beitrag geleistet werden, Studierende an Moot Courts heranzuführen und damit in der Perspektive auch dabei helfen, die deutschen rechtswissenschaftlichen Fakultäten als ausgezeichnete Studienorte auch für ausländische Studierende bekannt zu machen und den guten Ruf der deutschen Juristenausbildung im Ausland noch weiter zu festigen.

Dieses Buch ist speziell Frau Professor Dr. Barbara Dauner-Lieb und Frau Dr. Helga Wessel, den Initiatorinnen des angesprochenen „Recht Aktiv"-Projekts, zu verdanken. Erst durch ihre sofortige, intensive und vorbehaltlose Unterstützung konnte das Projekt „Moot Court-Wettbewerb im Bürgerlichen Recht" verwirklicht werden. Hinzuweisen ist in diesem Zusammenhang noch auf die Tatsache, dass ohne die Bereitschaft der Studierendenvertretung, zur Projektverwirklichung auch Studiengebühren einzusetzen, sowohl die Durchführung des Wettbewerbs als auch diese Publikation nicht realisiert worden wären. Unser Dank gilt weiter Frau Yun-I Kim, Herrn Peter-Paul Urlaub, Herrn Fabian Helmke-Becker und Frau Manuela Hundhausen für Recherchen, Korrekturen, Kommentare und zahlreiche nützliche Anregungen und Hinweise.

Köln und Heidelberg,
im August 2011

Jörn Griebel und
Levent Sabanogullari*

* Anregungen und Kommentare sind sehr willkommen: joern.griebel@uni-koeln.de und sabanogullari@ipr.uni-heidelberg.de.

# Inhalt

# A. Einleitung – Vom Nutzen der Moot Courts

Die Hochschuldidaktik befasst sich seit langem mit der Frage, wie man Lehrveranstaltungen so gestalten kann, dass sie im Sinne der Zuhörer abwechslungsreicher sind und sich die Teilnehmer auch stärker mit einbezogen fühlen. Beides wird als wesentlich angesehen, wenn es darum geht, den Studierenden im Laufe einer Veranstaltungsreihe möglichst viel Wissen zu vermitteln. Dem verschließen sich juristische Lehrveranstaltungen bislang jedoch allzu häufig. In Vorlesungen erlauben es die Teilnehmerzahlen sowie die zu vermittelnde Stofffülle nur selten, vom Lehrvortrag ins „Lehrgespräch“ zu wechseln. Obgleich Seminare die Teilnehmervorträge ins Zentrum rücken, steht hier doch die Einzelarbeit im Vordergrund. Und Arbeitsgemeinschaften entwickeln sich viel zu oft zu kleinen Vorlesungen, auch wenn sie natürlich mehr Interaktion als in der Vorlesung zulassen. Gruppenarbeit, Rollenspiele oder Planspiele als die klassischen Beispiele von Veranstaltungen, die aktives Lernen fördern, werden nur ganz ausnahmsweise im juristischen Hochschulunterricht eingesetzt. Dies überrascht, bedenkt man, dass sich im Bereich des Rechts eine gespielte Gerichtsverhandlung, bei der man sich um eine gerechte Lösung streitet, zur Veranschaulichung von Rechtsproblemen, Meinungsstreitigkeiten, der anwaltlichen Praxis und vielem mehr geradezu aufdrängt.

Nun soll es hier nicht darum gehen, die juristischen Veranstaltungstypen und ihre Gestaltung grundlegend in Frage zu stellen. Was sicherlich aber eine Bereicherung darstellen würde, sind zum einen neben den klassischen Veranstaltungen ergänzende Moot Court-Angebote, zum anderen einzelne Gerichtssimulationen innerhalb einer Vorlesung. Die Gründe hierfür werden nachfolgend noch eingehender zu beschreiben sein.

Einleitend sollen nun zunächst einige wenige Hinweise zur Benutzung dieses Buches gegeben werden. Daneben soll insbesondere vom Nutzen einer Moot Court-Teilnahme die Rede sein, da das vorliegende Buch wesentlich mit der Motivation geschrieben wurde, den Studierenden die eigenen Entwicklungschancen, die mit einer solchen Teilnahme verbunden sind, vor Augen zu führen.

## I. Darstellung der Wettbewerbstypen und Hinweise zu nicht ausführlich besprochenen Konzeptionen

### 1. Gang der Darstellung

Wie im Vorwort angesprochen, gliedert sich der Text in zwei wesentliche Teile, einen zu inneruniversitären Moot Courts und einen zu internationalen Moot Court–Wettbewerben. Der erste Teil richtet sich gleichermaßen an Veranstalter und Betreuer als auch an teilnehmende Studierende. Neben organisatorischen Fragen wird speziell auch eine Anleitung für das Auftreten in solchen Wettbewerben gegeben. Der zweite Teil zu den internationalen Wettbewerben hat sodann das Ziel, Betreuer und Teilnehmer über die Anforderungen von Schriftsätzen und dem mündlichen Plädoyer zu informieren. Da beide Teile damit auch auf die mündliche Herausforderung solcher Wettbewerbe eingehen, können die jeweiligen Passagen ergänzend konsultiert werden. Ein besonderes Augenmerk wurde allerdings auf die jeweiligen Anforderungen nationaler und internationaler Wettbewerb gelegt.

In einem Annex findet sich zur ergänzenden Lektüre eine Sammlung von Literaturhinweisen zu Beiträgen, Erfahrungsberichten und Abhandlungen zu unterschiedlichsten Moot Courts.

Keine ausführliche Besprechung erfahren spezielle Moot Court-Konzeptionen, die die Studierenden allmählich an solche Wettbewerbe heranführen. Zu nennen sind hier zum einen Grundlagenveranstaltungen zu Moot Courts, zum anderen einzelne Simulationen innerhalb einer Lehrveranstaltung. Zu beidem werden in der Folge in der gebotenen Kürze Hinweise gegeben.

### 2. Grundlagenveranstaltung Moot Court

Eine wenig aufwendige Form, Studierenden die Möglichkeit zu eröffnen, Erfahrungen im „Mooting“ zu sammeln, stellen Grundlagenveranstaltungen im Moot Court, sog. Mini-Moot Courts dar. Solche Veranstaltungen werden an der rechtswissenschaftlichen Fakultät zu Köln bereits seit vielen Jahren von Herrn Prof. Dr. Hobe angeboten, wobei hier der Schwerpunkt auf Gerichtsverhandlungen in englischer Sprache zu Themen des Völkerrechts und des Europarechts liegt. Die Fälle werden damit fiktiv vor dem Internationalen Gerichtshof bzw. dem Europäischen Gerichtshof verhandelt. Die Grundlagenveranstaltung ist so konzipiert, dass zehn Studierende die Möglichkeit einer Teilnahme erhalten. Dabei soll jedem der Teilnehmer die Möglichkeit gegeben werden, einen Lernerfolg auch überprüfbar zu machen, so dass zwei Gelegenheiten zum Plädieren eröffnet werden müssen. Zudem sollen die Teilnehmer im Team antreten, um sich gegenseitig helfen zu können. Entsprechend müssen insgesamt fünf unterschiedliche Fälle zur Verhandlung kommen, an denen jeweils vier Studierende teilnehmen (ein Kläger- (Applicant) und ein Beklagtenteam (Respondent).

Die Fälle sind so konzipiert, dass eine Vorbereitung von wenigen Tagen ausreicht. Die Moot Courts können entsprechend im wöchentlichen Rhythmus durchgeführt werden. Diesen vorgeschaltet ist ein Training zum Auftreten in der Verhandlung, in dem wie später beschrieben die Kernaspekte dessen, was ein Moot Court-Teilnehmer beachten sollte, vermittelt werden. Ausgegeben wird auch eine Liste mit Formulierungshilfen, die die Teilnehmer dabei unterstützen, die rechtlichen Ausführungen in ein gewisses sprachliches Gewand zu kleiden. Dem Wettbewerb ebenfalls vorgeschaltet ist eine Einführung in die jeweilige Materie, um auch Teilnehmern, die mit dem Völker- oder Europarecht noch nicht vertraut sind, die Chance einer Teilnahme zu eröffnen. Die Erfahrung hat gezeigt, dass auch Studierende ohne Vorkenntnisse mit einer solchen Einführung von ein bis zwei Unterrichtseinheiten von jeweils 90 Minuten, ergänzt um die Möglichkeit, bei einem betreuenden Assistenten Nachfragen zu stellen, problemlos in die Lage versetzt wurden, auch in einer eher unbekannten Materie ein Plädoyer zu erarbeiten und zu halten.

Hinsichtlich der Durchführung von Verhandlungen bedarf es keines besonderen Reglements, lediglich die Vorgaben zu der zeitlichen Begrenzung der Plädoyers sind natürlich von Bedeutung. Daneben steht es dem Dozenten frei, auch die Möglichkeit spontaner Repliken und Dupliken, von *Rebuttal* und *Surrebuttal*, anzubieten.

### 3. Integration einzelner Moot Courts in die klassischen Lehrveranstaltungen

Einzelne Moot Court-Simulationen lassen sich auch problemlos in Vorlesungen oder andere Lehrveranstaltungen, speziell auch Arbeitsgemeinschaften, integrieren. Hier erfüllt der Moot Court dann im Wesentlichen zwei Funktionen: Zum einen kann er dazu dienen, vorab besprochene Streitfragen anhand eines Falles zu veranschaulichen, bei dem zwei Seiten unterschiedliche Rechtspositionen mit Argumenten verteidigen müssen. Streitigkeiten in Wissenschaft und Praxis werden auf diese Weise lebendig gemacht. Für die, die an dem Moot Court teilnehmen können (was zumeist nur wenige sein werden), gewährt das eigene Engagement viele der oben beschriebenen Einblicke, wenngleich man sagen muss, dass es ohne besondere Anleitung auch mitunter einem Sprung ins kalte Wasser gleichkommt. Für die am Moot Court nicht unmittelbar beteiligten Studierenden bringt eine solche Übung – und dies ist die zweite wesentliche Funktion – eine willkommene Abwechslung zum sonstigen Format der Wissensvermittlung mit sich. Und sie fordert die Studierenden heraus, da diese sich fragen müssen, ob sie die Leistung der mutigen Kommilitonen auch erbracht hätten.

Die Vorbereitung für eine solche Einbeziehung eines Moot Courts ist nicht unbedingt aufwendig. Natürlich muss ein kurzer Fall entworfen werden, was im Hinblick auf die Behandlung eines Spezialproblems nicht zwingend arbeitsintensiv sein muss. Neben der Veranschaulichung bereits besprochener Inhalte kann ein Moot Court auch der Wiederholung dienen. Zu Beginn einer Stunde kann die Diskussion um eine behandelte Streitfrage etwa auch in Form eines Streitgesprächs zweier vorbereiteter Studierendenteams erfolgen. Im Anschluss würde dann neues Wissen vermittelt. In diesem Zusammenhang sei angemerkt, dass man sich natürlich nicht statisch an einem Moot Court-Szenario orientieren muss. Auch Vergleichsverhandlungen zweier an einem Streit beteiligter Parteien, bei denen die rechtlichen Argumente ausgetauscht werden, können dieselben Effekte zeitigen. Der Mehraufwand der Vorbereitung eines Moot Courts rechtfertigt sich damit, dass die vermittelten Inhalte mehr in den Vordergrund rücken, und durch die aktive Beschäftigung mit der eigenen und gegnerischen Position auch nachhaltig verinnerlicht werden.

## II. Warum ist eine Moot Court-Teilnahme – gleich in welchem Format – für Studierende von großem Nutzen?

Moot Courts gehören seit Jahrhunderten zu den klassischen Bestandteilen der anglo-amerikanischen Juristenausbildung. In kontinental-europäischen Ausbildungssystemen kommt ihnen hingegen kaum eine Rolle zu. Dies überrascht erheblich, wenn man sich die Vielzahl der positiven Effekte einer Moot Court-Teilnahme vor Augen führt. Nur auf den ersten Blick geht es primär um den Erwerb eines Schlüsselqualifikationsscheins, faktisch geht es um sehr viel mehr.

## 1. Recht wird plastischer, begreifbarer, lebendiger

Bei Moot Courts geht es zunächst darum, das Recht in seiner praktischen Anwendung für Studierende unmittelbar erlebbar zu machen. Durch die aktive Teilnahme an Moot Courts wird die Funktionsweise des Rechts für die Studierenden sehr viel plastischer, als man dies in Vorlesungen, Arbeitsgemeinschaften oder Seminaren vermitteln könnte. So wird das Studium, welches vorrangig von der passiven Aufnahme von Wissen geprägt ist, deutlich lebendiger, die Theorie wird fassbarer. Wissen wird nicht theoretisch gepaukt, sondern in einem Prozess aktiven Lernens bei der Erarbeitung des auf den Fall anwendbaren Rechts erlangt. Diese aktive Auseinandersetzung mit der Materie gewährt viele Einblicke, die man bei bloßem Studium der Bücher nicht gewinnen könnte. Auch Praktika können diesen positiven Effekt von Moot Courts kaum erzielen. Hier sieht man zwar die Praxis, erlebt diese aber zumeist wiederum nur aus der Perspektive des passiven Beobachters.

Im Moot Court verliert das Recht also seine Abstraktheit. Wer das Recht einmal aus dieser praktischen Perspektive erfahren hat, wird es viel einfacher haben, sich in neue Probleme einzudenken. Es gibt auch kaum eine bessere Möglichkeit, für sich selber festzustellen, ob der Studienbereich einem liegt, einen vielleicht sogar fasziniert. Ein in seiner Studienwahl unsicherer Student kann nach einer solchen Erfahrung auch eine viel bewusstere Entscheidung für oder gegen die Fortsetzung des Jurastudiums treffen.

## 2. Rolle des Anwalts/Erkenntnisse über Raum für Kreativität im Recht

Gleichzeitig erleben die Studierenden in den Moot Courts eine Rolle, die ca. 90% von ihnen später als Beruf ausüben werden: die des Parteivertreters, der einen Fall ganz anders durchdenken muss als der Studierende in einer gutachterlichen Prüfung oder der Richter, auf dessen Berufsbild die Ausbildung bislang noch im Wesentlichen zugeschnitten ist. Die Teilnahme schult die Fähigkeit zum Denken im Parteiinteresse und zum Antizipieren von Argumenten, die der vertretenen Seite widersprechen könnten und auf die man vorbereitet sein muss. Auch wird deutlich, wie viel Raum das Recht im Prozess der Bewertung von Fakten und für kreative Argumente lässt, eine Erfahrung, die die Studierenden zumeist sehr positiv überrascht.

Daneben sind die Studierenden in ihrer Vorbereitung auch gehalten, sich mit der Lektüre einschlägiger Gerichtsurteile auseinanderzusetzen, was wiederum den sonst im Studium seltenen Umgang mit der Rechtsprechung schult.

### 3. Erlangung der Fähigkeit zum komplexen juristischen Denken

Ein weiterer Reiz besteht in der Herausforderung, einen Fall bis in den letzten Winkel durchdenken zu müssen (wozu man hier, anders als in Klausuren, auch Zeit hat). Dies schult die Fähigkeit zum komplexen juristischen Denken. Dies ist übrigens einer der großen Vorzüge einer Teilnahme an internationalen Moot Court-Projekten, auch wenn die sich nur mit einem Fall und damit mit scheinbar begrenzten Erkenntnismöglichkeiten befassen. Dabei ist es gerade die Komplexität des Falles, der die Teilnehmer auch nach vielen Wochen der Arbeit auf immer neue Aspekte stoßen lässt, die es einzuordnen und zu verstehen gilt. Wer einen umfänglichen Fall einmal bis in alle Tiefen durchdacht hat, bildet Denkstrukturen, die das Verstehen anderer komplexer Konstellationen deutlich erleichtern.

### 4. Recht in freier Rede und Diskussion erleben und dabei Selbstbewusstsein aufbauen

Beim Moot Court steht zudem der Vortrag von Rechtspositionen und die Diskussion von Rechtsproblemen im Vordergrund. So wird auch der Tatsache Rechnung getragen, dass das gesprochene Wort ein zentrales Werkzeug des Juristen ist. Dem schenkt man in der deutschen Juristenausbildung inzwischen auch sehr viel mehr Beachtung als noch in vergangenen Jahrzehnten. Im Moot Court kann der Teilnehmer seine Fähigkeit, rechtliche Argumente möglichst in freier Rede vorzutragen und auch spontan in der Diskussion zu entwickeln, trainieren. Zudem wird er Selbstbewusstsein aufbauen und damit besser auf die Herausforderungen in Prüfungen und in der späteren Praxis vorbereitet sein. Einem Examenskandidaten, der Rechtsfragen selten diskutiert hat, werden sich diese Defizite spätestens in der mündlichen Prüfung offenbaren, denn hier treten sie zumeist für alle sichtbar zutage.

Zugleich erlernt man, seine Gedanken so zu vermitteln, dass diese auch tatsächlich beim Zuhörer ankommen. Zu diesem Zwecke wird im Rahmen der Ausbildung und der praktischen Übungen immer wieder betont, dass man sehr darauf achten muss, die Inhalte des Plädoyers so zu vermitteln, dass alle Zuhörer problemlos folgen können. Diese Qualifikation ist von allgemeiner Bedeutung und kann gar nicht hinreichend betont werden.

### 5. Teamerfahrung und -fähigkeit

Daneben ist die Erfahrung des gemeinsamen Erarbeitens eines Vortrags im Team, für die das Jurastudium sonst wenig Raum lässt, für die meisten Teilnehmer ein ganz besonderes Erlebnis. Es steigert nochmals die Motivation, wenn der Partner oder die Partnerin am gleichen Strang zieht und ebenso wie man selbst versucht, alles zu geben. Besonders effektiv wird dieser Austausch dann, wenn beide bereit sind, die berechtigte Kritik des jeweils anderen anzunehmen, um sich zu verbessern. Und gemeinsam ist man noch motivierter, sich dem Teamwettbewerb zu stellen und die Herausforderung anzunehmen. Eine Teilnahme ist, jedenfalls wenn man diese nicht nur als Prüfung versteht, mit jeder Menge Spaß und typischerweise einer sehr positiven Teamerfahrung verbunden. Oft wird diese Erfahrung auch von der Erkenntnis begleitet, zu Dingen in der Lage zu sein, die man sich beim besten Willen nicht zugetraut hätte, und dies bringt eine große Zufriedenheit und Selbstsicherheit mit sich.

### 6. Studierende werden Teil der Materie Recht

Weiter hat die Teilnahme an einem Moot Courts noch einen ganz anderen, sonst wenig beschriebenen Effekt. Der Teilnehmer verlässt – wie oben bereits beschrieben – die Rolle des passiven Konsumenten des Rechts und gewinnt durch die aktive Teilnahme Aufschlüsse über das praktische Funktionieren von Recht, die beim weiteren Studium ungeheuer hilfreich sind und einen zudem sehr motivieren. Durch dieses aktive Engagement wird den Studierenden aber auch die Möglichkeit gegeben, sich persönlich über die Diskussion von Rechtsfragen einzubringen, eigene Standpunkte zu entwickeln und diese auch offen nach außen zu kommunizieren. Und damit beginnt der Prozess, in dem der Studierende die Rolle des bloßen Konsumenten fremder Ideen verlässt und vielmehr selbst eigene Gedanken entwickelt. Das Recht stellt sich nun nicht mehr unbedingt als ein Bereich dar, in dem alles ausdiskutiert ist; vielmehr eröffnen sich durch die praktische Auseinandersetzung mit dem Recht Spielräume für die eigene Kreativität, die einsetzen zu können man gar nicht vermutet hätte. Die Teilnehmer beginnen damit Regeln und Ansichten nicht nur zu erlernen, sondern zugleich zu hinterfragen, was wiederum das juristische Denken fördert und auch das Erlernen von Problemen vereinfacht. Denn ein Problem, welches man durchdiskutiert hat, vergisst man nicht wieder. Und mitunter wird man gar angeregt, eigene Konzepte zu entwickeln und wiederum auf ihre praktische Anwendbarkeit zu überprüfen.

### 7. Studium wird zum Erlebnis

Und letztlich wird man wohl auch sagen dürfen, dass eine Moot Court-Teilnahme eine tolle Abwechslung im Jurastudium mit sich bringt. Betrachtet man die Strukturen der Lehrveranstaltungen im Jurastudium, die die Studierenden zu einem wesentlichen Teil in die Passivität zwingen, scheint es nicht falsch, das Studium mit einer Erlebniswüste zu vergleichen. Der Moot Court bildet da eine bemerkenswerte Ausnahme, da er von den Teilnehmern von Anfang an großen Einsatz abverlangt und dabei einen Rahmen unter Beteiligung einer Vielzahl von Praktikern bietet, der erlaubt, ihn als echtes Erlebnis wahrzunehmen.

### 8. Erfahrungen der Teilnehmer

All die aufgezeigten Vorteile des Moot Courts werden übrigens seitens der Teilnehmer bestätigt. Besonders positiv gesehen wurde die Möglichkeit, Recht aus einer ganz anderen Perspektive zu begreifen. Auch die Chance die freie Rede zu üben und das gemeinsame Erarbeiten der Plädoyers im Team wurden nahezu einhellig positiv bewertet. So wurde der Wettbewerb zurecht auch als gute Vorbereitung auf die mündlichen Herausforderungen der juristischen Staatsexamina begriffen. Auch hat sich bei vielen die Erkenntnis eingestellt, dass sie wider Erwarten sehr wohl in der Lage waren, mit den vorhandenen Kenntnissen vor erfahrenen Praktikern zu bestehen und diese sogar zu überzeugen. Zudem wurde die konstruktive Kritik an den Teilnehmern seitens der Wettbewerbsrichter nach den Verfahren durchweg gelobt. In diesem Zusammenhang sei angemerkt, dass sinnvolle Moot Court-Projekte natürlich eine Begleitung der Teilnehmer durch erfahrenen Moot Court-Betreuer beinhalten. Diese sollen die Teilnehmer soweit möglich auch gerade individuell betreuen und ausbilden, so dass jeder Einzelne neben den Wettbewerbsrichtern gerade auch von den Betreuern lernen kann.

In unserer langjährigen Erfahrung mit Moot Court-Teams, die zum Teil ein halbes Jahr und mehr ihrer Studienzeit für die Teilnahme an einem internationalen Moot Court-Wettbewerb eingesetzt haben, haben wir nicht einmal erlebt, dass ein Teilnehmer diese Zeit rückblickend nicht als großen Gewinn für die eigene Entwicklung und das juristische Verständnis gewertet hat.

### 9. Moot Court und Schlüsselqualifikationen

Soweit man die fachlichen Aspekte des Moot Courts außen vor lässt und diese nur im Lichte der Schlüsselqualifikationen betrachtet, kann ein besonders gutes Zeugnis ausgestellt werden. Gleich welche Schlüsselqualifikation man anspricht, ob Kommunikationsfähigkeit, Eigeninitiative, Selbstständigkeit, Teamfähigkeit, Belastbarkeit, Einsatzbereitschaft, Engagement, Flexibilität oder Überzeugungskraft, der Moot Court schult sie alle, ausnahmslos. Hervorzuheben wäre dabei auch eine Eigenschaft, die in den typischen Listen von Schlüsselqualifikationen nicht auftaucht: Empathie. Diese wird im Kontext des Moot Courts verstanden als die Fähigkeit, sich auf seine Zuhörer einzulassen, und den Vortrag so auszurichten, dass die Inhalte bei diesen auch wirklich ankommen. Hierzu bedarf es nicht nur des Versuchs, zu den Zuhörern über Blicke, Gesten und Mimik eine Beziehung aufzubauen, auch muss der Text so strukturiert sein, dass das Verstehen der Inhalte so leicht wie nur irgend möglich gemacht wird. Diese Fähigkeit wird in ausnahmslos allen juristischen Berufen, insbesondere aber bei der Streitschlichtung oder Mediation, relevant.

### 10. Gesamtbewertung

Nach alledem sollte deutlich geworden sein, dass der Studierende, der an einem Moot Court teilnimmt, sich etwas Gutes tut. Die dabei gewinnbaren Erkenntnisse übertreffen bei weitem alle materiellen Vorzüge einer Teilnahme. Ein Schlüsselqualifikationsschein, eine Urkunde oder auch die Sachpreise treten in ihrer Bedeutung weit hinter die erlernten Qualifikationen zurück. Dass dies auch in der Praxis so wahrgenommen wird, bestätigt die Erfahrung. Eine Moot Court-Teilnahme im Lebenslauf wird in Kanzleien immer sehr beachtet, macht sie doch deutlich, dass der Bewerber bereits während des Studiums bereit war, über die Verpflichtung der Lehrpläne hinaus eine praxisnahe Erfahrung zu sammeln. Und nicht selten haben sich über die ersten Kontakte der Studierenden mit der Praxis im Rahmen des Moot Courts auch noch weitere Möglichkeiten eröffnet, die es sonst nicht gegeben hätte.

## B. Der inneruniversitäre Moot Court-Wettbewerb

Nachfolgend soll ein Überblick zu allen relevanten Aspekten der Durchführung eines universitätsinternen Moot Court-Wettbewerbs, der einer breiteren Anzahl an Studierenden eine Teilnahme ermöglicht, gegeben werden. Er beginnt mit Hinweisen zu Struktur, Ablauf und anderen organisatorischen Fragen des Wettbewerbs (I.). Sodann wird ein mögliches dem Wettbewerb zugrunde zu legendes Reglement vorgestellt (II.). Weiter wird auf die Herausforderungen der Strukturierung und Gestaltung der Moot Court Fälle eingegangen (III.). Es folgt das zentral wichtige Kapitel zur Vorbereitung der Teilnehmer, die vor der ersten Wettbewerbsrunde ein gewisses Handwerkszeug erhalten sollen, das sie befähigt, im Wettbewerb selbstbewusst und überzeugend aufzutreten (IV.). Sodann soll auch darauf eingegangen werden, mit welchen Informationen die Wettbewerbsrichter auf den Wettbewerb vorbereitet werden sollen, damit diese ihre Rolle gut erfüllen können (V.). Abschließend werden noch mögliche Anreize für die Teilnahme an einem Wettbewerb diskutiert (VI.).

### I. Struktur / Ablauf / Organisatorisches

In der Folge werden zunächst Struktur und Ablauf des Kölner Moot Courts zum Bürgerlichen Recht, welcher an der hiesigen Rechtswissenschaftlichen Fakultät regelmäßig veranstaltet wird, vorgestellt. Wenngleich der Wettbewerb auf das Privatrecht ausgerichtet ist, so ist er doch hinsichtlich der organisatorischen Fragen auf Moot Courts in anderen Fachbereichen problemlos mit nur wenigen Anpassungen übertragbar.

Zur Durchführung des Wettbewerbs sollten eine halbe wissenschaftliche Mitarbeiterstelle sowie zwei studentische Hilfskräfte zur Verfügung stehen. Zwar dauert der Wettbewerb insgesamt nur sechs Wochen pro Semester, jedoch ist während dieser Zeit das Arbeitsaufkommen erheblich. In Vorbereitung auf den Wettbewerb müssen zudem vier Fälle so konstruiert werden, dass sie den Anforderungen des Wettbewerbs in fachlicher wie didaktischer Hinsicht gerecht werden. Die Vor- und Nachbereitungszeit des Moot Courts darf keineswegs unterschätzt werden. Eingehende

Hinweise zur Frage der Ressourcen finden sich noch unten in Abschnitt VIII.

Der Wettbewerb ist so konzipiert, dass er entweder in fünf Runden unter Beteiligung von 64 Studierenden in 32 Teams oder aber in vier Runden unter Beteiligung von 32 Studierenden in 16 Teams ausgetragen werden kann. Die Größe des Teilnehmerkreises wird dabei allerdings regelmäßig durch die Zahl der für die Durchführung des Wettbewerbs benötigten Richter begrenzt. Um die Entscheidungsfindung zu vereinfachen und auch gerecht zu gestalten, ist eine Besetzung der Wettbewerbsgerichte mit drei Richtern ideal. Dies entspricht im Übrigen auch der Praxis bei internationalen Moot Court-Wettbewerben. Diese Besetzung berücksichtigt auch die Tatsache, dass ein Richter kurzfristig ausfallen kann; für diesen Fall würden dann zumindest zwei weitere Richter pro Wettbewerbsgericht zur Verfügung stehen. Soweit ein Gerichtsgremium, und dies hat sich bewährt, innerhalb einer Wettbewerbsrunde zwei Verfahren durchführt (zeitlicher Rahmen von ca. insgesamt 2 ½ Stunden), muss man bei einer Teilnehmerzahl von 32 Studierenden in 16 Teams von 24 Richtern ausgehen. Es sticht ins Auge, dass eine solch große Zahl an Praktikern bei einer zweimaligen Durchführung des Wettbewerbs pro Jahr nur in größeren Universitätsstädten zur Verfügung stehen wird.

Den Auftakt des Wettbewerbs bildet eine Informationsveranstaltung in einer der beiden ersten Semesterwochen, in deren Anschluss sogleich die Auslosung der Teams vorgenommen wird. Auch der Sachverhalt des ersten Falles kann sodann schon unter den Teilnehmern verteilt werden. In dieser Veranstaltung wird zunächst sehr ausführlich vom oben beschriebenen Nutzen der Moot Courts die Rede sei. Für die Teilnehmer ebenso bedeutsam sind aber auch ganz praktische Aspekte, die ungefragt thematisiert werden sollten:

- Welcher Aufwand erwartet mich, wie viel Zeit muss ich investieren?
- Welche Termine gilt es einzuhalten (Pflichttermine)?
- Wie lange dauert der Wettbewerb insgesamt?
- Worum geht es, mit was für Fällen ist zu rechnen?

- Wo wird der Wettbewerb ausgetragen, wie sehen die Räumlichkeiten aus?
- Wer wird über das Weiterkommen entscheiden?

Bereits vor der Verlosung sollte ein Wettbewerbsplan feststehen, der die Paarungen der weiteren Runden von Anfang an vorbestimmt. Probleme ergeben sich allerdings dann, wenn die erforderliche Teilnehmerzahl für eine bestimmte Anzahl an Runden nicht erreicht wird. Sofern etwa nur 24 (entspricht 12 Teams, so dass es 6 Verhandlungen mit sechs Siegerteams gibt) und nicht 32 Teilnehmer vorhanden sind, müssen für die zweite Runde, in der acht Teams benötigt werden, zwei der unterlegenen Teams als *lucky looser* in den Wettbewerb zurückgelost werden. In diesem Fall erscheint eine neue Auslosung ratsam, auch wenn diese die Gefahr mit sich bringt, dass die beiden in den Wettbewerb zurückgelosten Teams unmittelbar aufeinander treffen.

Weiter kann man darüber nachdenken, ob man für jede Paarung die jeweiligen Rollen als Kläger- und Beklagtenvertreter neu auslost, um nicht ein Team auf eine bestimmte Rolle festzulegen.

Zeitnah an die Informationsveranstaltung folgen dann verschiedene (verblockte) Lehreinheiten, in denen es um Argumentationstechnik, Auftreten und Rhetorik sowie um Fragen des Einsatzes der Stimme und Stresskontrolle gehen soll. Mit diesen sollen die Teilnehmer auf die wiederum zeitnah folgenden Übungssitzungen, bei denen die Teams jeweils das von ihnen in Vorbereitung der 1. Wettbewerbsrunde erstellte Plädoyer vortragen sollen, vorbereitet werden. Nachdem aufgrund der einführenden Lehreinheiten bereits eine Vielzahl von Anfängerfehlern beseitigt sein wird, haben hier die Betreuer die Gelegenheit, dazu beizutragen, dass sich die Teilnehmer mit Lob und konstruktiver Kritik stetig verbessern und insbesondere erkennen, dass sie der Herausforderung des Wettbewerbs gewachsen sind. Nicht wenige Teilnehmer sind überrascht, dass ihnen vieles, was sie sich anfangs vielleicht nur zweifelnd zugetraut hätten, mitunter sogar ausgezeichnet gelingt. Diese praktische Übung, die aufgrund der durchweg positiven Erfahrung auch zu einer Wiederholung und Vertiefung im Kreis der Teilnehmer motiviert, stellt mit das Herzstück des Wettbewerbs dar. Hier können die Betreuer eine echte Individualförderung gewährleisten, wobei es auch die Chance geben muss, dass einzelne Kandidaten, die ihr Potential bei dieser Übungseinheit noch nicht wie gewünscht haben abrufen können, eine weitere Probesitzung erhalten. Für die Organisatoren muss es das zentrale Ziel sein, keinen der Teilnehmer verunsichert in den Wettbewerb zu schicken. Der Vortrag darf nicht zu einem Negativerlebnis werden. Insoweit stehen speziell auch die Betreuer in der Pflicht.

Im Anschluss an diese theoretische wie praktische Vorbereitung beginnt dann der Wettbewerb in wöchentlich abzuhaltenden Runden. Zwischen der Ausgabe des ersten Sachverhaltes und der ersten Wettbewerbsrunde sollten nicht mehr als zwei Wochen liegen. Diese sind allerdings auch nötig, da es gilt, auf Basis rechtlicher Recherchen und weiterer Übungen das Vortragsplädoyer zu erarbeiten. Später reicht dann zwischen Ausgabe des Falles und der Wettbewerbsrunde auch nur eine Woche.

Nach Beginn des Wettbewerbs können sich die Betreuer überlegen, inwieweit sie abermals für die erfolgreichen Teams Übungssitzungen einplanen. Die Möglichkeit eines solchen Angebotes wird von den hierfür vorhandenen Personalressourcen abhängen.

Der Wettbewerb endet dann mit dem Finale der beiden letzten Teams, welchem eine Feierlichkeit zu Ehren der Teilnehmer und Wettbewerbsrichter folgt.

Die für den Wettbewerb vorgesehenen Räumlichkeiten bedürfen einer gewissen Vorbereitung. Zunächst müssen sie im Sinne der Öffentlichkeit der Verfahren auch Raum für Zuschauer lassen. Die Tische für das Wettbewerbsgericht und die Anwaltsvertreter sind wie in der Praxis üblich anzuordnen. Links vom Gericht sitzt aus der Perspektive der Richter die Klägerseite und rechts die Beklagtenseite. Um den am Wettbewerb beteiligten Richtern die Entscheidung zu vereinfachen, ist es sinnvoll, mit Namensschildern zu arbeiten. Dies schafft zudem ebenso Atmosphäre wie Getränkefläschchen, die neben Gesetzestexten und ggf. einer Kommentierung zum BGB auf allen Tischen vorhanden sein sollten. Gleiches gilt für Papier und Stifte sowie Ersatzsachverhalte und Ersatzlösungshinweise für die Richter. Auf der Richterbank liegen auch schon die Sachverhalte für die nächste Runde bereit, welche die Wettbewerbsrichter den jeweiligen Siegerteams gleichsam als Preis für ihr Weiterkommen überreichen.

Die Parteivorträge können, für deutsche Verfahren ungewöhnlich, von einem Pult aus gehalten werden. In internationalen Moot Court-Verfahren ist dies oftmals so üblich und zudem eine gute Übung für anderweitige Vortragsanlässe. Das Plädieren am Pult erschwert den Vortrag in verschiedener Hinsicht und stellt sich damit als eine willkommene zusätzliche Herausforderung dar. Es gilt das Ankommen und das Verlassen des Pultes zu üben, den Stand zu trainieren und mit dem wenigen Platz eines Pultes auszukommen. Vor diesem Hintergrund ist das Abweichen von der Realität nützlich.

Der Zeitnehmer sitzt ausgerüstet mit einer Uhr und den Zeitkarten, mit denen er sowohl dem Gericht als auch insbesondere dem Redner die Zeit anzeigen kann, so im Raum, dass alle Beteiligten seine Karten sehen können. Diese umfassen eine grüne mit einer „5" versehene Karte, die anzeigt, dass der Parteivertreter noch fünf Minuten Zeit hat. Weiter gibt es gelbe mit „2" und rote mit „0" beschriftete Karten.

Der Wettbewerbsabend läuft wie folgt ab: Die Richter sollten ebenso wie die Teilnehmer ca. 20 Minuten vor dem Verfahrensbeginn eintreffen. Im Kreis der Wettbewerbsrichter gibt es sodann eine Vorbesprechung mit den Organisatoren, in der nochmals die Abläufe, das Anforderungsprofil, Besonderheiten des Verfahrens (wie etwa die Zeitnahme) sowie offene Fragen besprochen werden. Auch gilt es für jedes Gericht einen Vorsitzenden zu benennen, dem die Verfahrensleitung obliegt und der später das Ergebnis verkünden und begründen soll und auch ggf. noch Ausführungen zum wirklichen Ausgang des Verfahrens machen kann. Soweit der Wettbewerb pünktlich beginnt, kann der Ablauf eines Abends wie folgt aussehen:

| | |
|---|---|
| 17.40 | Eintreffen von Richtern und Teams, Vortreffen der Richter |
| 18.00 | Beginn der 1. Verhandlung nach Begrüßung durch den Vorsitzenden |
| 18.05 | Klägervortrag |
| ca. 18.25 | Beklagtenvortrag |
| ca. 18.45 | Kurzstatements beider Seiten oder kurze offene Diskussion einzelner Aspekte |

ca. 18.55 Beratung
ca. 19.05 Verkündung und Begründung der Wertung
ca. 19.15 Beginn der 2. Verhandlung
etc.
Ende ca. 20.30

Abschließend soll speziell noch zusammengefasst werden, welche personelle und technische Ausstattung für die Durchführung des Wettbewerbs benötigt wird:

Pro Räumlichkeit muss ein Zeitnehmer die Wettbewerbsrichter unterstützen. An sonstigem Material braucht man je nach Veranstaltungsörtlichkeit Gesetzestexte und ggf. Kommentare, (Aufsatz-)Pulte, Stifte, Papier, den nochmals ausgedruckten Fall für die Richter samt Lösung, das Reglement für die Richter, vorbereitete Namensschilder, Getränkefläschchen, ausreichende Zahl an Flaschenöffnern, Servietten, Gläser, ausreichende Anzahl an Zeitkarten und Stoppuhren, den in der nächsten Runde zu verhandelnden Fall als Preis für die Gewinner, ggf. Richtereinführungszettel und zur Information der Wettbewerbsrichter eine Namensliste aller teilnehmenden Praktiker und Professoren.

## II. Regelwerk

Ohne ein Regelwerk kommt ein Moot Court-Wettbewerb ebenso wenig aus, wie ein Sportwettbewerb. Es muss Regeln zu den Abläufen, für etwaige Ausfälle von Teilnehmern oder Richtern usw. geben. Nachfolgend findet sich das Reglement des Kölner Moot Court-Wettbewerbs im Bürgerlichen Recht abgedruckt. Mit diesen Regeln müssen die Teilnehmer im Vorfeld des Wettbewerbs eingehend vertraut gemacht werden. Insbesondere darf es keine Missverständnisse im Hinblick auf die Verpflichtung geben, die ein Studierender, der sich für die Teilnahme anmeldet, insbesondere auch gegenüber seinem Teammitglied eingeht. Der Moot Court bietet den Teilnehmern viel, entsprechend sollten sie auch nicht vorschnell aussteigen dürfen.

*I. Teilnahmebedingungen*

1. *Teilnahmeberechtigt sind Jurastudenten und Jurastudentinnen ab dem 2. Semester.*
2. *Die Teams bestehen aus 2 Studierenden pro Team. Die Zusammensetzung der Teams wird ausgelost. Wer an der Aus-*

*losung teilnimmt, verpflichtet sich auch zur Teilnahme am Wettbewerb.*

3. *Ein „endgültiger" Ausstieg führt zum Ausscheiden des Teams. Dies gilt auch, wenn der Ausstieg krankheitsbedingt oder aufgrund vergleichbarer Umständen erfolgt. Ein Team, welches in einer Wettbewerbsrunde nur mit einem Teammitglied antritt, scheidet deswegen nicht automatisch aus. Es kann aber nur gewinnen, wenn dieses Mitglied die Rolle des anderen Teammitglieds übernimmt und gleichzeitig nachgewiesen wird, dass das andere Teammitglied unverschuldet fehlt. Im Falle einer Krankheit sollte ein Attest vorgelegt werden. Die Beweislast trägt das von der Abwesenheit betroffene Team. Fehlt dasselbe Teammitglied auch in einer weiteren Runde, scheidet das Team damit umgehend aus.*

*II. Allgemeine Prozessregeln*

1. *Die Verhandlungen sind öffentlich. Teilnehmer am Wettbewerb dürfen diesem jedoch nicht beiwohnen, soweit sie in der darauf folgenden Verhandlung denselben Fall plädieren.*
2. *Zuhörer dürfen den Parteien keine Hinweise geben. Parteivertreter dürfen keine Hinweise annehmen. Wird hiergegen verstoßen, kann dies zum Ausschluss des durch Hinweise begünstigten Teams führen. Die Entscheidung treffen die Wettbewerbsorganisatoren.*
3. *Jedes Gericht ist in der Regel mit drei Mitgliedern besetzt. Jedes Gericht bestimmt seinen Vorsitzenden. Dieser führt die Verhandlung und verkündet die Entscheidung. Alle Mitglieder des Gerichts dürfen zu jeder Zeit Fragen an die Parteivertreter richten, wovon aber nur begrenzt Gebrauch gemacht werden sollte. Im Falle der kurzfristigen Verhinderung von Richtern ist ein Gericht auch dann beschlussfähig, wenn nur ein Richter an der Sitzung teilgenommen hat. Soweit einer der Richter eines der Teammitglieder kennt, wird dies den anderen Richtern angezeigt, ein Ausschluss von der Verhandlung ist jedoch nicht erforderlich.*

*Durchführung der Plädoyers*

4. *Jede Verhandlung soll die Dauer von 40 Minuten nicht überschreiten. Die Parteien haben im Wesentlichen dieselbe Sprechzeit. Jede Partei hat für ihren Vortrag 16 Minuten zur Verfügung. Beide Teammitglieder einer jeden Partei müssen vortragen. Die Zeit dürfen die Teammitglieder frei untereinander aufteilen. Die jeweilige Sprechzeit ist dem Gericht vor dem Plädoyer anzuzeigen. Das Gericht kann nach eigenem Ermessen eine bescheidene Verlängerung der Sprechzeit (2-3 Minuten) gewähren. Hiervon kann Gebrauch gemacht werden, wenn ein Parteivertreter durch Fragen in erheblichem Maße vom Plädieren abgehalten wurde. Bei der Sprechzeitverlängerung ist aber auch die Ausgewogenheit der Sprechzeit beider Parteien zu beachten. Im Anschluss an die Plädoyers beider Seiten kann beiden Parteien nochmals Gelegenheit zu einer kurzen Erwiderung gegeben werden (bis zu vier Minuten pro Partei. Dieser Teil der Verhandlung kann auch als Diskussion gestaltet werden.*
   *Für die Finalverhandlung ändern sich die Regeln mit der Maßgabe, dass den Parteien für ihren Vortrag 25 Minuten zur Verfügung stehen.*

*Gestaltung, Reihenfolge der Plädoyers*

5. *Das Gericht hört zunächst die Klägerseite, dann die Beklagtenseite. Hiervon kann etwa in Fällen abgewichen werden, in denen es vorzugswürdig erscheint, nach dem Plädoyer der einen Seite zu einer abtrennbaren Fragestellung zunächst die Gegenseite zu hören, bevor zu einem neuen Thema übergewechselt wird. Die jeweiligen Parteivertreter haben ihren Vortrag an einem Pult, welches gegenüber dem Gericht zu platzieren ist, zu halten. Die Parteivertreter dürfen während des Vortrages jederzeit unterbrochen werden, sofern das Gericht Fragen stellen möchte.*

*III. Bewertung und Entscheidung*

1. *Bei der Bewertung der Plädoyers orientiert sich das Gericht an folgenden Kriterien: Rhetorik (freie Rede), Struktur und Klarheit des Vortrags, Argumente (Fundiertheit, Sachlichkeit, Überzeugungskraft, Vertretbarkeit), Höflichkeit (auch der gegnerischen Seite gegenüber), Teamfähigkeit, Beantwortung von Fragen, Flexibilität, Kreativität, sowie*

*die Fähigkeit (etwa in der anschließenden Diskussion), auch spontan Argumente jenseits des Plädoyers zu entwickeln.*

*Entscheidung*

2. *Im Anschluss an die Verhandlung zieht sich das Gericht kurz zur Beratung über den Ausgang der Verhandlung zurück. Alle Anwesenden verlassen hierfür den Raum. Der Vorsitzende verkündet und begründet die Entscheidung. Ein Team gewinnt und verliert gemeinsam. Die Richter dürfen nicht ein Teammitglied der einen Seite und gleichzeitig eines der anderen Seite gewinnen lassen. Als Zeichen des Erfolges überreicht der Vorsitzende dem Siegerteam den Fall für die nächste Runde.*

Die Regeln bedürfen keiner besonderen Erklärung. Dass im Falle des endgültigen Ausscheidens eines Teammitglieds das gesamte Team ausscheiden muss, ist der Überzeugung geschuldet, dass der Moot Court ganz speziell als Teamwettbewerb entwickelt wurde. Es soll gerade nicht darum gehen, dem juristischen Einzelkämpfer ein Forum zu bieten. Im Vordergrund steht die Erwartung, dass die Teammitglieder miteinander und voneinander viel lernen können. Dieser Charakter muss unbedingt erhalten bleiben.

## III. Strukturierung der Fälle

Das Entwerfen von Moot Court Fällen stellt sich bei näherer Betrachtung als eine Kunst dar, die vom Sachverhaltssteller einiges an Aufmerksamkeit abverlangt. Im Zentrum steht dabei die Ausgewogenheit des Falles, die beide beteiligten Seiten in die Lage versetzen soll, ein gleichermaßen überzeugendes wie rechtlich vertretbares Plädoyer zu verfassen. Nichts ist schlimmer als ein „*uphill battle*" für die eine und das Herunterbeten von einhelligen Rechtsansichten für die andere Seite. In einem solchen Fall wird es mangels Vergleichbarkeit der Leistungen auch nur schwer möglich sein, eine faire Bewertung beider Seiten vorzunehmen.

Dem Sachverhaltssteller muss es also darum gehen, Problembereiche des Rechts ausfindig zu machen. Dabei kann es sich um Grauzonen im Recht handeln, also Bereiche, in denen der Gesetzgeber bestimmte Probleme nicht vorhergesehen hat und in denen nun über die Methoden des Rechts Ergebnisse erzielt werden müssen.

Ebenfalls reizvoll sind natürlich auch solche Fragestellungen, die von erheblichen Streitigkeiten, etwa zwischen Rechtsprechung und Lehre, geprägt werden. Ein wiederum anderer Bereich, in dem man regelmäßig fündig wird, sind die Klauseln, die entweder einen generalklauselartigen Charakter aufweisen, oder aber mit offenen Rechtsbegriffen operieren, die dem jeweiligen Gericht im Hinblick auf den Sachverhalt recht große Entscheidungsspielräume eröffnen. Neben den Rechtsproblemen sollten auch die Fakten so reichhaltig sein, dass man daraus durchaus Argumente herleiten kann. Soweit ein Fall diesen Kriterien gerecht wird, darf man davon ausgehen, dass er auch den didaktischen Anforderungen gerecht wird, welche darin bestehen, Erkenntnisse über die Strukturen und Wertungen des Bürgerlichen Rechts zu gewinnen. Auch die Erkenntnis, dass die Rechtslage mitunter alles andere als eindeutig sein kann und es daher durch den Einsatz von Energie, Überzeugungskraft und Kreativität immer etwas zu gewinnen gibt, ist bedeutsam.

Ein weiterer wichtiger Aspekt besteht darin, dass die Fälle im Sinne einer gerechten Verteilung der Aufgaben im Team thematisch so aufgeteilt werden können, dass beide Teammitglieder im Umfang nahezu gleiche Rechtsprobleme zu bearbeiten und vorzutragen haben. Da dies nicht unbedingt immer gelingt, dürfen die Teammitglieder die insgesamt für sie zur Verfügung stehende Sprechzeit so aufteilen, dass ein Plädoyer länger und ein anderes kürzer ausfällt. In Grundsatz sollten die Teilnehmer aber nicht zu unausgewogenen Redezeiten gezwungen werden. Ideal ist ein Fall, der beiden Teammitgliedern eine Redezeit von acht Minuten ermöglicht.

Weiter müssen die Fälle so gestaltet sein, dass zwei Studierende sie gut innerhalb einer Woche bearbeiten können und noch Zeit haben, ein Plädoyer zu erarbeiten und hinlänglich gemeinsam zu proben. Sie dürfen entsprechend nicht zu umfänglich sein. Auch die im Wettbewerb eingesetzten Richter sollten in der Lage sein, sich den Fall und seine Probleme über Sachverhalt und Lösungsskizze innerhalb kurzer Zeit zu erarbeiten, andernfalls besteht die Gefahr, dass man bei einem zu großen Aufwand den ehrenamtlichen Einsatz der Wettbewerbsrichter überstrapaziert.

Zur Veranschaulichung der Überlegungen bei der Gestaltung eines Sachverhaltes soll nachfolgend einer der im 1. Moot Court-Wettbewerb im Bürgerlichen Recht der Rechtswissenschaftlichen Fakultät der Universität zu Köln eingesetzter Fall wiedergegeben werden. Es folgen sodann Anmerkungen, von welchen Intentionen der Fall bei seiner Entstehung geleitet wurde.

*Franzl v. Ferdinand*

*Franzl Plebs aus Köln ist 12 Jahre alt und schon ein kleiner Schwimmstar. Regelmäßig nimmt er bei Vereinsmeisterschaften teil, wobei er weit überdurchschnittliche Leistungen für seine Altersgruppe erzielt. Mittlerweile ist auch eine bekannte Bademodenfirma auf ihn aufmerksam geworden. Diese hat das Angebot unterbreitet, ihm einen ersten bescheidenen, einjährigen Sponsorenvertrag zu geben, wenn er bei der überregionalen Jugendmeisterschaft in Bochum antritt. Der Sponsorenvertrag umfasst die Ausstattung mit 4 verschiedenen hochwertige Schwimmanzügen und Badehosen. Ein entsprechendes Schreiben liegt der Familie Plebs vor.*

*Seine Mutter ist darauf so stolz, dass sie dies wirklich jedem erzählt, die Mütter von Franzls Schwimmkameraden können es schon nicht mehr hören. Besonders hiervon betroffen ist eine Nachbarin, Gretel Köster, deren Sohn Ferdinand zusammen mit Franzl im Verein schwimmt, nahezu dieselben Resultate erreicht und Franzl auch schon wiederholt geschlagen hat. Dies ist auch der Grund, warum sie das Sponsorenangebot ungerecht findet. Ihr kommt es zwar nicht auf das Geld an, und doch ist sie der Meinung, dass auch die Leistung von Ferdinand es verdient hätte, finanziell gewürdigt zu werden. Für die Plebs, die mit dem Geld recht knapp sind und sich bereits überlegt hatten, aus Kostengründen Turniere usw. gar nicht mehr anzufahren, ist der Sponsorenvertrag eine Gelegenheit, Franzl sein Lieblingshobby auch in Zukunft wie von ihm gewünscht zu ermöglichen.*

*Um sich gegenseitig ein wenig zu entlasten, haben die beiden Frauen sich schon oft damit abgewechselt, die Jungen zum Schwimmen mitzunehmen. Dabei ist es wiederholt vorgekommen, dass Frau Plebs die Fahrt zum Training kurzfristig absagen musste, da ihr etwas dazwischen gekommen war. Mal hatte sie Migräne, ein anderes Mal musste sie dringend Einkaufen gehen. Dies hat auch schon zu einem Streit zwischen den beiden Nachbarinnen geführt.*

*Da Frau Plebs nicht sicher sein kann, Franzl zu dem Turnier in Bochum fahren zu können, spricht sie ihre Nachbarin Köster an, die mit Ferdinand und ihrem Mann auch nach Bochum fahren will, und bittet sie, Franzl zu dem Turnier mitzunehmen. Allerdings könne es sein, dass die komplette Familie Plebs selbst fahren werde und die Mitfahrgelegenheit entsprechend nicht nötig sei. Sie werde sich insoweit aber noch melden. Frau Köster, die sich die Chance auf einen Sponsorenvertrag auch für ihren Sohn erhofft, empfindet dies ein wenig als eine Zumutung, willigt aber aus Freundlichkeit ein. Sofern Sie nichts mehr von Frau Plebs höre, werde sie Franzl am Tag des Turniers um 9 h morgens vor ihrem Haus erwarten.*

*Am Tag vor dem Turnier geht alles drunter und drüber. Der Vater von Franzl zieht sich bei Gartenarbeiten einen komplizierten Beinbruch zu. Die halbe Nachbarschaft läuft zusammen und so erfährt auch Frau Köster, dass Franzl's Vater ins Krankenhaus gebracht wurde. Frau Köster tut es für Herrn Plebs sehr Leid, gleichzeitig denkt sie sich aber, dass die Plebs jetzt andere Sorgen als das Schwimmturnier hätten und freut sich insgeheim, dass jetzt Ferdinand vielleicht die Chance auf den Sponsorenvertrag habe.*

*In Wirklichkeit hat nur Frau Plebs ihren Mann ins Krankenhaus begleitet und die Nacht dort an seiner Seite verbracht. Franzl blieb daheim. Aus dem Krankenhaus telefoniert sie mit ihrem Sohn und sagt ihm, er solle am nächsten Morgen um 9 h bei den Kösters sein. Als Franzl zum vereinbarten Zeitpunkt bereitsteht, sind die Kösters schon weggefahren. Da sie nicht mehr mit Franzls Mitfahrt rechneten, sind sie bereits um 8.30 h aufgebrochen.*

*Beim Turnier kommt es wie es kommen musste. Ferdinand schwimmt das Rennen seines Lebens und erhält anstelle des nicht angetretenen Franzl von dem Sponsor den Sponsorenvertrag. Frau Plebs ist aufgebracht als sie dies erfährt. Nach einem kurzen aber heftigen Streit vertragen sich die beiden Nachbarinnen aber wieder. Sie vereinbaren, sich in Zukunft hinsichtlich ihrer jeweiligen Erwartungen klarer zu informieren.*

*Ein halbes Jahr später steht wieder ein überregionales Schwimmturnier an, das in Neuss ausgetragen wird. Diesmal kommen die besten Schwimmer aus ganz Deutschland zusammen. Ferdinand ist durch den Sponsorenvertrag derart motiviert worden, dass er seit-*

*her jedes Wettschwimmen gewonnen hat. Franzl hat sich nur sehr knapp für das Turnier qualifiziert. Ferdinands Sponsor hat angekündigt, den Sponsorenvertrag nicht nur aufzustocken (neben Ausrüstung nun auch ein monatliches Zusatzsponsoring in Höhe von 150,- € monatlich), sondern auch die Laufzeit um zwei Jahre deutlich zu verlängern, wenn er nur halbwegs die Ergebnisse der letzten Rennen erreiche. Nun sind die Kösters an dem Turnierwochenende auf einer Geschäftsreise und können Ferdinand an besagtem Sonntag nicht begleiten. Frau Köster bittet daher Frau Plebs unter Hinweis auf die Aussagen des Sponsors diesmal Ferdinand mitzunehmen. Frau Plebs sagt dies zu, da man die feste Absicht habe, Franzl zu dem Turnier zu fahren.*

*In der Nacht vor dem Turnier bekommt Franzl eine Erkältung, so dass schnell klar wird, dass er nicht antreten kann. Frau Plebs ruft daher samstags um 22.30 h bei Kösters an, um die Fahrt abzusagen, erreicht aber niemanden, da Ferdinand, den die Kösters allein zuhause gelassen haben, mit Blick auf den Wettbewerb bereits früh schlafen gegangen ist. Sie hinterlässt eine Nachricht auf dem Anrufbeantworter, wobei sie davon ausgeht, dass die Kösters wie üblich von der Möglichkeit der Fernabfrage Gebrauch machen werden. Dies ist jedoch nicht der Fall. Erst am nächsten Morgen, eine halbe Stunde vor Abfahrt, entdeckt Ferdinand die Nachricht. Da er seine Eltern nicht erreichen kann, bleibt ihm nichts anderes übrig, als traurig daheim zu bleiben.*

*Als Frau Köster am Nachmittag des Turniertages davon erfährt, ist sie grenzenlos wütend auf ihre Nachbarn. Sofort ruft sie den Sponsor an, um Ferdinands Fernbleiben zu entschuldigen. Dieser sagt jedoch, man habe bei dem Turnier einen neuen Wunderschwimmer aufgetan, den man jetzt an Stelle von Ferdinand, der ja nicht wie besprochen angetreten sei und daher seine Leistung nicht unter Beweis gestellt habe, zu fördern beabsichtige. Der bisherige Vertrag würde daher leider nicht verlängert.*

*Ohne auch nur ein weiteres Wort mit Frau Plebs zu wechseln, macht sie über ihren Anwalt für ihren Sohn bei den Plebs die Summe der vom Sponsor angesprochenen mehrjährigen Förderung geltend. Frau Plebs ist erbost und verlangt auf der Basis von Prozesskostenhilfe nun ihrerseits für Franzl von den Kösters den Wert des Sponsorenvertrages, den Ferdinand bekam, weil Franzl bei dem ersten Turnier aufgrund eines Verschuldens der Kösters nicht hat antreten können. Dabei beruft sich Frau Plebs unter anderem darauf, dass es Frau Köster ja bekannt gewesen sei, dass sie zuweilen Verabredungen nicht einhalte, auf die Kösters hätte sie sich jedoch eigentlich immer verlassen können.*

*Die zulässige Klage der Kösters und die zulässige Widerklage der Plebs werden am 6. Mai 2009 vor einem Gerichtsgremium im Hauptgebäude Universität zu Köln verhandelt.*

Bei diesem Fall geht es im Kern um Fragen aus dem Allgemeinen Teil bzw. dem Schuldrecht des BGB. Hinsichtlich der Abgrenzung eines Gefälligkeitsvertrages von einer bloßen Gefälligkeit des täglichen Lebens stand die Frage eines vorhandenen Rechtsbindungswillens im Zentrum, hinsichtlich einer möglicherweise ausgesprochenen Kündigung die Frage nach deren Zugang. Der Fall hat die Teilnehmer entsprechend auch nicht vor rechtlich unüberwindliche Hürden gestellt und war somit als Einstiegsfall besonders gut geeignet.

Durch die Gestaltung des Falles als einen, der Klage und Widerklage umfasste (welche beide als in einem Verfahren im Sachverhalt für zulässig erklärt wurden), musste jede der beiden Seiten mal die Rolle des Angreifers, mal die des Verteidigers übernehmen, so dass insoweit Waffengleichheit herrschte. Die Grundidee war dabei, beide Teammitglieder gleichsam zu einer Kooperation zu zwingen, da es zu vermeiden galt, dass sich diese in ihren Plädoyers widersprachen. Da die jeweiligen Szenarien der Klage und Widerklage doch im Grundsatz vergleichbar waren, galt es eine Argumentationslinie zu finden, bei der die vorhandenen Unterschiede zwischen beiden Szenarien so betont wurden, dass überzeugend hinsichtlich des eigenen Begehrens eine Stattgabe und hinsichtlich des gegnerischen Begehrens eine Abweisung beantragt werden konnte. Die im Sachverhalt gestreuten Unterscheide betrafen dabei den materiellen Status der Beteiligten, deren Zuverlässigkeit, die wirtschaftliche Bedeutung der jeweiligen Gefälligkeit (ggf. auch im Lichte des Status der Beteiligten), das Vorliegen einer Kündigung, die Verbindlichkeit der jeweils in Aussicht gestellten Beförderung und die Wahrscheinlichkeit des Eintritts hierfür teilweise geforderter Bedingungen.

Die vorhandenen Spielräume wurden von den Teilnehmern mit beachtlicher Kreativität und Genauigkeit genutzt, so dass man sagen kann, dass der Fall sich für den Moot Court bewehrt hat.

## IV. Ausbildung der Teilnehmer

Die Ausbildung der Teilnehmer stellt natürlich das Herzstück eines jeden Wettbewerbs dar. Die Teilnehmer sollen durch theoretische und praktische Schulung innerhalb recht kurzer Zeit in die Lage versetzt werden, die Rolle eines Parteivertreters im Prozess adäquat auszufüllen.

Nun kann man kritisch fragen, ob dies überhaupt möglich ist. Ein gerichtlich tätiger Rechtsanwalt braucht oft Jahre, um einen eigenen, erfolgreichen Stil im Auftreten vor Gericht zu entwickeln. Die Erfahrung zeigt jedoch, dass motivierte Studierende, die sich mit Elan und Begeisterung dieser Herausforderung stellen, oft bereits nach einer kurzen Einführung in der Lage sind, mehr als beachtliche Leistungen als Parteivertreter im fiktiven Prozess zu erbringen. Das Perfektionieren eines Stils kann dann natürlich nur über die praktische Erfahrung erreicht werden.

Den am Moot Court teilnehmenden Studierenden gilt es zunächst die Abläufe und das Reglement, welche oben bereits jeweils thematisiert wurden, zu vermitteln. Insoweit kann auch zusätzlich zur Aushändigung des Reglements eine Kurzanleitung für Teilnehmer ausgegeben werden, welche wie folgt aussehen kann:

*Der Wettbewerb dient dazu, das Verhalten von Parteivertretern im Rahmen einer mündlichen Verhandlung vor ordentlichen Gerichten oder Schiedsgerichten zu trainieren. Im Kern geht es dabei um die Präsentation der eigenen Rechtsposition. Dabei dürfen dem Parteivertreter auch Fragen zu den Problemen des Sachverhalts gestellt werden. Auch soll – soweit dies zeitlich in Frage kommt – der Austausch von Argumenten in Form einer Diskussion im Anschluss an die Vorträge geübt werden.*

*Nach einer kurzen Begrüßung durch den jeweils zu bestimmenden Vorsitzenden des Gerichts werden die Parteivertreter eingeladen, ihre jeweilige Rechtsposition vorzustellen. Der Klägervertreter beginnt. Hierfür stehen jeder Seite 16 Minuten zur Verfügung, die zwischen den beiden Parteivertretern nach Belieben verteilt werden dürfen. Die Parteivertreter haben ihre jeweilige Redezeit dem Gericht anzuzeigen. Das Gericht darf diese Zeiten im Hinblick auf die Durchführung des Wettbewerbs nicht großzügig verlängern. Den Parteien sollte im Wesentlichen die gleiche Redezeit eingeräumt werden.*

*Im Anschluss an die Verhandlung haben die Richter zu beurteilen, welche Parteivertreter im Sinne ihrer Partei die bessere Leistung erbracht haben. Es geht damit nicht um eine objektive Entscheidung der sonst zu entscheidenden Rechtsfragen. Bei der Beurteilung können sich die Richter im Hinblick auf die Vorstellung an folgenden Aspekten orientieren: Rhetorik (freie Rede), Struktur und Klarheit des Vortrags, Argumente (Fundiertheit, Sachlichkeit, Überzeugungskraft, Vertretbarkeit), Höflichkeit (auch der gegnerischen Seite gegenüber), Beantwortung von Fragen, Flexibilität, Kreativität, sowie die Fähigkeit (etwa in der anschließenden Diskussion), auch spontan Argumente jenseits des Plädoyers zu entwickeln.*

*Im Anschluss an die Verhandlung wird das Gericht verkünden, welches Team die Verhandlung gewonnen hat und dies begründen.*

Wichtig ist es auch, den Teilnehmern die Örtlichkeiten und Gestaltung der Gerichtsräume zu veranschaulichen. Dies erleichtert es, sich auf die Wettbewerbssituation einzustellen. Auch werden damit Überraschungen vermieden, die für den Vortrag störend sein können.

Weiter gilt es die Unterschiede zwischen einem Moot Court und der Realität (1.), die Argumentationstechnik (2.) und das Auftreten bzw. die Rhetorik in einer Verhandlung (3.) zu vermitteln. Diesen drei Themenkomplexen sollen sich die folgenden Abschnitte widmen.

### 1. Unterschiede zwischen dem Moot Court und der Realität

Die Simulation einer Verhandlung beim Moot Court ist keineswegs auf Gerichtsverhandlungen vor ordentlichen Gerichten, d.h. etwa Amts-, Land- oder Oberlandesgerichten, begrenzt. Ebenso denkbar ist es, dass das Gerichtsgremium im Wettbewerb ein Schiedsgericht verkörpert. Obgleich diese beiden Streitbeilegungsmechanismen sich natürlich unterscheiden, ergeben sich für den Zweck des Wettbewerbs keine Besonderheiten, ob man nun den einen oder den anderen Mechanismus simuliert. Insbesondere setzt man sich für die Zwecke des Verfahrens typischerweise über etwaige Zuständigkeits- oder Zulässigkeitsvoraussetzungen hinweg. Die Gerichte werden generell für zuständig und das Verfahren für zulässig erklärt. Soweit es um grenzüberschreitende Sachverhalte gehen sollte, wird zudem klarstellend das deutsche Recht für anwendbar erklärt.

Diverse Modifikationen zur Realität von Gerichts- und Schiedsverfahren sind gleichwohl dem Wettbewerb geschuldet. Diese gilt es den Wettbewerbsrichtern zu verdeutlichen, damit diese nicht überrascht sind, und auch den Teilnehmern, damit sie keine falsche Erwartung an die Realität stellen.

Die Unterschiede beginnen damit, dass die Fakten des Falles feststehen, so dass entsprechend keine Beweisaufnahme erforderlich ist. Weiter werden dem Gericht nicht vorab Schriftsätze unterbreitet, die die jeweilige Sichtweise der Parteien vorstellen würden. Das Plädoyer steht entsprechend zwingend im Zentrum des Wettbewerbs. Es muss so gestaltet und strukturiert sein, dass die Zuhörer den Ausführungen leicht folgen können. Insoweit unterschiedet sich der Moot Court ganz außerordentlich von wirklichen Schieds- und Gerichtsverhandlungen.

Weiter wird das Plädoyer, wie teilweise in internationalen Moot Court-Wettbewerben üblich, von einem Pult aus gehalten. Auch dies ist im deutschen System ungewöhnlich. Die Tische der Parteivertreter sind mit Namensschildern versehen, die es den Richtern erleichtern sollen, sich für die spätere Bewertung die Namen einzuprägen. Auch Getränke auf den Tischen sind in Gerichtsverfahren sonst unüblich. Im Rahmen des Moot Courts tragen sie jedoch dazu bei, Atmosphäre zu schaffen und sind den Rednern im Übrigen typischerweise von großer Hilfe.

Um die Durchführung des Wettbewerbs in einem angemessenen zeitlichen Rahmen zu gewährleisten, ist auch die Einhaltung der jeweiligen Redezeiten, die den Parteivertretern zur Verfügung stehen, zwingend. Dies wird im Interesse der Redner aber auch der Richter durch Zeitnehmer überwacht, die es in der Realität natürlich ebenfalls nicht gibt.

Bei Sachverhalten, die den Amtsgerichten zugewiesen sind, entscheidet ein Einzelrichter. Auch in Schiedsverfahren können sich die Parteien – oftmals aus Kostengründen – für einen Einzelschiedsrichter entscheiden. In Wettbewerb versucht man unabhängig vom Gegenstand des Falles pro Wettbewerbsgericht drei Richter einzusetzen. Dies schafft eine besondere Atmosphäre, sichert die Akzeptanz der Studierenden für die (Mehrheits-)Entscheidung und lässt es beim kurzfristigen Ausfall eines Richters zu, den Wettbewerb – wenngleich unter nicht optimalen Umständen – durchzuführen. Damit ist auch die Besetzung der Wettbewerbsgerichte den Anforderungen des Wettbewerbs angepasst.

### 2. Argumentationstechnik / Unterschiede zum universitären Gutachten

Das Argumentieren im Moot Court setzt in verschiedener Hinsicht ein anderes Herangehen als beim Gutachten in juristischen Prüfungen voraus. Die diesbezüglichen Aspekte sollen nachfolgend verdeutlicht werden.

#### a) Kernunterschiede zum universitären Gutachten

Im universitären Gutachten müssen die Studierenden alle in Betracht kommenden Anspruchsgrundlagen für ein bestimmtes Begehren auffinden und durchprüfen. Sollte dabei nach Ansicht des jeweiligen Bearbeiters bei einer Prüfung bereits das erste Tatbestandsmerkmal nicht gegeben sein, so bricht die Prüfung an dieser Stelle ab (jedenfalls soweit kein Hilfsgutachten gefordert wird) und man geht zum nächsten Anspruch über. Sollte ein Rechtsanwalt in der Realität mit diesem Fall befasst sein, kann es sein, dass er zum Vor- oder Nachteil des Mandanten zu demselben Ergebnis kommt wie der Bearbeiter des Gutachtens. Damit darf er seine Überlegungen jedoch keineswegs einstellen. Abgesehen davon, dass ein Anwalt auch ein ihn nicht überzeugendes aber vertretbares und chancenreiches Argument im Sinne des Mandanten vortragen sollte, muss auch immer damit gerechnet werden, dass das Gericht den Anwälten nicht folgt und etwa das Vorliegen des umstrittenen Tatbestandsmerkmals annimmt. Auf solche Fälle müssen beide Seiten vorbereitet sein.

Der *Klägeranwalt* muss sich um eine Argumentation bemühen, die für den Richter alle geltend gemachten Ansprüche als gegeben erscheinen lässt. Auch müssen die Voraussetzungen eines jeden Anspruchs als vorhanden dargestellt werden. Für den Fall, dass der Parteivertreter sicher davon ausgeht, dass ein bestimmter Anspruch durchgehen wird, sollte er zur Sicherheit (und aus Gründen der anwaltlichen Sorgfalt) auch die anderen Ansprüche darstellen. Dabei sollte natürlich eine gewisse Schwerpunktsetzung erfolgen, da nicht alle Ansprüche in ihrer Bedeutung oder Erfolgsaussicht zwangsläufig gleich zu gewichten sind. Hierbei sind auch Anspruchskonkurrenzen zu beachten. Sollte ein vorrangiger Anspruch problematisch sein oder besteht die Gefahr, dass dieser durch das Gericht nicht anerkannt wird, so leben die sonst verdrängten Ansprüche in ihrer Bedeutung auf.

Der *Beklagtenanwalt* muss versuchen, jeden einzelnen Anspruch, ggf. sogar auf verschiedenen Ebenen einer einzelnen Anspruchsprüfung, anzugreifen. Er kann sich also nicht darauf beschränken, einen bestimmten Anspruch allein hinsichtlich eines bestimmten Tatbestandsmerkmals anzugreifen. Für den Fall, dass das Gericht einen anderen Standpunkt vertreten sollte, müssen auch weitere Anspruchsvoraussetzungen, soweit sich hier Angriffsmöglichkeiten aus Beklagtensicht ergeben, angesprochen werden. Soweit verschiedene Ansprüche zur Diskussion stehen, muss jeder einzelne dieser Ansprüche angegriffen werden. Das von der Gegenseite geltend gemachte Begehren ist in jeder Hinsicht zu widerlegen.

Ebenso wie im juristischen Gutachten sind nicht alle Tatbestandsmerkmale bzw. Ansprüche gleich zu gewichten. Soweit sich keine Probleme stellen, sollten diese nur kurz erwähnt werden, um mehr Zeit für die problematischen Punkte zu haben.

### b) Aufbau der Argumente

Je nach Fallkonstellation ist eine Argumentation des Klägers mit Haupt- und Hilfsargumenten zu wählen. Nach Vorstellung des Hauptarguments kann etwa argumentiert werden:

> „Sollte das Gericht dieser Rechtsauffassung nicht folgen, so ergibt sich der Anspruch doch jedenfalls aus…“
>
> „Weiter ergibt sich der geltend gemachte Anspruch aus…“

Der Beklagte muss auf jede der möglichen Argumentationslinien des Klägers vorbereitet sein, Hilfsargumente müssen ebenso widerlegt werden wie die Hauptargumente. Hinsichtlich der Reihenfolge der starken und schwachen Argumente sollte man also mit den starken beginnen, denn diese bleiben dann auch besser in Erinnerung.

Innerhalb einer Argumentation sollte zunächst recht deutlich die vertretene Rechtsansicht zum Ausdruck kommen:

> „Der Anspruch ergibt sich aus"/„Der geltend gemachte Anspruch ist nicht begründet"

Sodann folgt die Begründung in Anwendung des Gesetzes und ggf. unter Heranziehen der Techniken der Methodenlehre:

> „Das Tatbestandsmerkmal des... als gegeben anzusehen, lässt sich wie folgt begründen..."
>
> „Dies erklärt sich damit, dass..."
>
> „Die Gründe hierfür lassen sich wie folgt darlegen..."

Es darf also gerade nicht der Eindruck vermittelt werden, dass der Anwalt bestimmte rechtliche Aspekte als zweifelhaft oder problematisch ansieht. „Fraglich ist" gehört folglich nicht zum Vokabular des überzeugten Parteivertreters.

Weiter sollte man versuchen, die Begründung durch Autoritäten abzusichern, soweit man dies nicht sogleich bei der Begründung angeführt hat:

> „Diese Sichtweise wird sowohl von der Rechtsprechung als auch in der Literatur bestätigt. So hat der BGH..."
>
> „Der BGH hat insoweit bereits im 7. Band in einer Grundsatzentscheidung hervorgehoben/entschieden/betont..."
>
> „In diesem Sinne hat der BGH bereits im 7. Band im Jahre.... geurteilt, ..."
>
> „Darf ich in diesem Zusammenhang... zitieren, die zu dieser Frage wie folgt ausführt..."
>
> „So liest man es recht deutlich bei Medicus..."

Zur besseren Verständlichkeit sollte der Vortrag aber nicht von Autoritäten wimmeln. Diese sollten nicht beliebig, sondern wohl platziert dort eingesetzt werden, wo es gilt, eine kritische Rechtsfrage zu den eigenen Gunsten zu entscheiden. Statt eine Vielzahl von Rechtsprechungsurteilen zu zitieren, kann auch mit Begriffen und Formulierungen wie „in ständiger Rechtsprechung" oder „dem sind seit dieser Leitentscheidung die Gerichte gefolgt" gearbeitet werden. Auf Nachfrage muss man natürlich Belege beibringen können.

Für die Diskussion oder auch im Falle von Nachfragen ist es immer gut und beeindruckt die Richter sehr, wenn man hier auch ungefragt und spontan Autoritäten einzusetzen weiß. Dies erweckt den Eindruck einer sehr guten Vorbereitung und wird sehr positiv gewürdigt.

Nachdem dann die Gründe hinsichtlich der einschlägigen Anspruchsgrundlagen in die eine oder andere Richtung dargelegt sind, sollte man zur Abrundung des Vortrags – auch wenn das Ergebnis ja bereits an den Anfang gestellt wurde – dieses nochmals zusammenfassen und dann auch mit dem geltend gemachten, für den Zweck des Moot Courts vereinfachten Antrag verbinden:

> „Entsprechend wird beantragt, die Klage abzuweisen/... den Beklagten zu verurteilen, an den Kläger... zu zahlen."

Der Antrag ist prozessual von erheblicher Bedeutung. Der Anwalt hofft zudem, dass der Urteilstenor den Antrag im Wortlaut aufgreift.

Sofern mehrere Anspruchsgrundlagen vorgetragen werden, sollte auch geklärt werden, in welchem Verhältnis diese zueinander stehen. So darf etwa nicht der Eindruck entstehen, man begehre eine doppelte Kompensation.

### c) Tiefe/Dichte der Argumente

Je nach dem wie komplex sich der Sachverhalt und die sich darauf aufbauenden Rechtsfragen gestalten, mag der Parteivertreter versucht sein, in recht kurzer Zeit sehr tiefgehende Argumente vorzutragen. Abgesehen davon, dass die Zeit dies zumeist nicht zulässt, sollte man hier – wie jeder andere Redner und Vortragende auch –

die zentralen Regeln für Vorträge neben den Geboten der Gliederung, Ordnung und Struktur beachten: Einfachheit, Kürze und Prägnanz (im angloamerikanischen Raum gerne mit dem KISS-Principle umschrieben: „*Keep it simple, stupid*"). Wenn es sich irgendwie vermeiden lässt, sollte die Argumentation nicht zu sehr in die Tiefe gehen. Dies hat mitunter auch den positiven Nebeneffekt, dass man damit im Plädoyer viel weniger Angriffsfläche bietet. Auch wird so vermieden, die Zuhörer zu verlieren. Besonders punkten wird man bei diesem Ansatz, wenn auf tiefer gehende Fragen sinnbildlich die richtigen Schubladen aufgemacht werden und man beweist, dass man hinter dem scheinbar oberflächlichen Vortrag sehr viel mehr Detailkenntnisse besitzt.

Soweit eine Rechtsansicht mit verschiedenen Argumenten begründet werden kann, sollte man in der Vorbereitung zunächst eine Liste anlegen. Auf dieser sollten die Argumente so geordnet sein, dass die starken oben und die schwächeren weiter unten auftauchen. Sodann sollten für den Vortrag die zentralen, starken Argumente ausgewählt werden. Zum einen bieten diese weniger Angriffsfläche, zum anderen wird die Zeit es auch nicht zulassen, alle Argumente anzusprechen. Soweit es – wie bereits angesprochen – unterstützend verschiedene Urteile oder Schrifttumsmeinungen anzuführen gilt, sollte man sich auf die aussagekräftigsten konzentrieren.

#### d) Umgang mit und Antizipieren von Argumenten der Gegenseite

Ein ganz wesentlicher Teil der Vorbereitung auf eine Sitzung besteht darin, auch die Argumente der gegnerischen Seite zu durchdenken und zentrale Gegenargumente zu identifizieren. Dies dient nicht nur dazu, sich für eine mögliche Diskussion zu rüsten. Mitunter können die gegnerischen Argumente die eigene Struktur des Vortrags bestimmen. Zudem fordern sie dazu heraus, die eigenen Argumente weiter zu schärfen.

Je nach dem wie die gegnerischen Argumente gestaltet sind, kommt man nicht umhin, sie im Rahmen der eigenen Argumentation inzident anzusprechen. Dies kann auch gerade dann gelten, wenn die Gegenargumente eine schwache Stelle in der eigenen Argumentation betreffen. Es gibt aber auch gegnerische Argumente, die nicht zwangsläufig in den eigenen Vortrag einzubauen sind, obgleich sie für den Ausgang des Verfahrens durchaus von Bedeutung sein können. Nun stellt sich die Frage, ob man die gegnerischen Rechtspositionen etwa als Kläger, der zuerst vorträgt, offen anspricht, oder erst einmal abwartet, ob die Gegenseite denn so klug war, mögliche Argumente zu entdecken. Es gibt hier kein allgemeingültiges Rezept. Wenn bestimmte Argumente im Rahmen einer wissenschaftlichen Diskussion so bedeutend sind, dass sie diese prägen, wäre es unklug oder mitunter gar „Feigheit vor dem Feind", diese nicht offen anzugehen und keinen Versuch, diese zu widerlegen, zu unternehmen. Solche Argumente sollten im Rahmen des eigenen Vortrags antizipiert werden. Andernfalls würde man auch die Erwartungen der Richter enttäuschen. Gleiches gilt natürlich besonders dann, wenn im Rahmen des Sachverhaltes bereits bestimmte Rechtsansichten ausgetauscht worden sein sollten. Auch dann erwartet das Gericht, dass man die Gegenargumente anspricht.

Soweit man sich zu einem offensiven Umgang mit den gegnerischen Argumenten entscheidet, kann wie folgt formuliert werden:

> „Soweit die Gegenseite einwendet, ihr sei zu keinem Zeitpunkt deutlich geworden, eine Verpflichtung einzugehen, kann Folgendes gesagt werden: ..."

Soweit die Stärke der Gegenseite etwa darauf beruht, dass es eine ständige Rechtsprechung des BGH gibt, kann man darauf hinweisen, dass einem diese wohl bekannt sei. Sodann gilt es – soweit es hierfür Spielräume gibt – die Vergleichbarkeit der entschiedenen Fälle mit dem vorliegenden in Zweifel zu ziehen. Oder aber man sucht das Gericht zu überzeugen, dass es nötig ist, die Rechtsprechung in dieser Frage zu ändern. Auch die obersten deutschen Gerichte haben mitunter ihre Rechtsprechung geändert, wobei es zumeist Anwälte waren, die trotz Kenntnis der Rechtsprechung die Herausforderung angenommen haben und damit erfolgreich waren.

Mitunter reicht es aber auch, auf ein Gegenargument einfach nur vorbereitet zu sein und es im Rahmen der sich an die Vorträge anschließenden Diskussion anzusprechen. Dies zeigt wiederum, dass es nicht nur das zu beherrschen gilt, was Gegenstand des eigenen Vortrags ist. Auch für alle Eventualitäten muss man im Rahmen der anschließenden Diskussion gerüstet sein. So wird es nicht selten so sein, dass man erarbeitete Argumente nicht im Vortrag einsetzt, sondern allenfalls in der anschließenden Diskussion, aber auch nur soweit dies geboten ist.

#### e) Umgang mit dem Sachverhalt/Sachverhaltsargumentation

Die Sachverhalte sollten so gestaltet sein, dass es kaum Möglichkeiten gibt, die Fakten in einer Weise zu deuten, die in der Realität eine Beweisaufnahme erfordert. Natürlich darf der Redner versuchen, mit rhetorischen Mitteln die Fakten in einem Licht zu präsentieren, das seiner Seite dienlich ist. Äußerste Vorsicht sollte man jedoch im Hinblick auf die sog. Sachverhaltsquetsche, die Studierenden nicht selten auch in Klausuren zum Verhängnis wird, walten lassen. Die Fakten dürfen nicht einfach geändert oder gar in einer Weise ergänzt werden, die die Tatsachenlage modifiziert. Geschieht dies doch, so kann es sein, dass die Richter, die den in Verhandlungswettbewerben zumeist kurzen Sachverhalt sehr genau kennen werden, überrascht nachfragen, woher denn der Redner seine Erkenntnisse habe. Sachverhaltsmodifikationen werden natürlich gar nicht gerne gesehen. Zudem sind sie unfair gegenüber den Gegnern.

Je nach Fallgestaltung kann es ein rhetorisches Mittel sein, die Fakten nochmals anzusprechen als Basis für die rechtliche Erörterung:

> „Lassen Sie mich insoweit nochmals die Fakten in Erinnerung rufen; diese sprechen bereits für sich“.

Der Fall wäre allerdings schlecht gestaltet, würde man allein auf dieser Basis ohne rechtliche Erörterungen argumentieren können. Normalerweise müssen daraufhin auch rechtliche Argumente folgen.

#### f) Einsatz emotionaler Argumente

Hinsichtlich des Einsatzes auch emotionaler Argumente scheiden sich die Geister. In der deutschen gerichtlichen Praxis wird von einem Parteivertreter natürlich erwartet, dass er hinter seinem Mandanten steht und dies auch zum Ausdruck bringt. Im Zentrum steht dabei aber die sachliche Argumentation, ein „Drücken auf die Tränendrüse“ der Richter ist eher verpönt. Justitia ist blind, weil sie ihre Entscheidungen ohne Ansehung der am Streit beteiligten Parteien treffen soll. In Moot Court-Wettbewerben, die mehr im anglo-amerikanisch geprägten Raum abgehalten werden, ist der Einsatz von Emotion, und sei es nur einleitend oder in der Weise, dass man eine gewisse Empörung über die Position der Gegenseite zum Ausdruck bringt, durchaus Teil des Spiels.

Vor diesem Hintergrund kann kein allgemein anwendbares Rezept hinsichtlich des Einsatzes emotionaler Argumente gegeben werden. Es wird hier sehr auf das Einfühlungsvermögen der Parteivertreter ankommen, ob sie über die sachlichen Argumente hinaus auch emotionale Argumente einsetzen. Soweit der Sachverhalt dies hergibt, spricht vieles dafür, auch die menschliche Seite des Falles anzusprechen. Im Übrigen wird es kaum als Fehler gewertet werden, auch emotionale Argumente einfließen zu lassen, solange der Vortrag im Übrigen von sachlichen Argumenten dominiert wird.

#### g) Beweislastargumentationen

Soweit eine bestimmte Tatsache nicht bewiesen werden kann, trifft das Recht darüber Regeln, zu wessen Lasten dies geht. Solche Beweislastregeln können mitunter umstritten sein, basieren aber gemeinhin auf dem Grundsatz, dass jede Seite die für sie günstigen Tatsachen zu beweisen hat (Ausnahmen etwa bei Vermutungen oder gesetzlich geregelten Fällen der Beweislastumkehr). Da die Fälle die Tatsachen vorgeben, um Beweiserhebungen auszuschließen, sollten Beweislastregeln nie im Zentrum einer Diskussion stehen. Gleichzeitig sind die Fälle mitunter aber auch so gestaltet, dass es umstritten ist, inwieweit die vorhandenen Tatsachen ausreichen, um den Anforderungen eines gewissen Anspruchs oder einer Einwendung/Einrede gerecht zu werden. In diesen Fällen ist es nützlich, das Gericht darauf hinzuweisen, zu wessen Lasten dies geht. Damit zeigt man, dass man jenseits der rechtlichen Argumentation, die im Studium erlernt wird, auch schon die nicht in Gutachten auftauchenden Probleme einer fehlenden Beweisbarkeit einzuschätzen vermag. Entsprechend sind solche Hinweise am Rande der Argumentation sehr positiv.

### h) Vermeidung von Formulierungen aus der Gutachtentechnik

Eine aus der universitären gutachterlichen Prüfung bekannte Formulierung wie „Fraglich ist, ob die Anspruchsvoraussetzungen gegeben sind" ist in der Sprache der Anwälte unüblich. Dies gilt insgesamt für die Sprache der Subsumtion im Gutachten. Anwälte orientieren sich in ihren Schriftsätzen an den Urteilsformulierungen der Richterschaft. Sie suchen den Richtern Formulierungen vorzugeben, die diese, wenn es optimal laufen sollte, gar ins Urteil übernehmen könnten. Die Inhalte sollten also in der dem Richter bekannten „Verpackung" präsentiert werden.

Die Formulierungen orientieren sich entsprechend am Urteilsstil. Dieser wird davon geprägt, dass – wie oben bereits angesprochen – zunächst das Ergebnis in den Raum gestellt wird, welches sodann eine Begründung erfährt.

### i) Kritische Überprüfung der eigenen Argumentation

Als Parteivertreter muss man die eigenen Argumente kritisch prüfen. Anders als der Mandant, der seine emotionale Sichtweise der Streitigkeit kaum wird aufgeben können, muss der Anwalt sich von solchen Überlegungen frei manchen. Er muss die entwickelten Argumente immer wieder daraufhin untersuchen, ob sie auch im Hinblick auf die Gegenargumente der anderen Seite Bestand haben werden. Sicherlich ist kein Argument unangreifbar. Und doch muss man sich von schwachen Argumenten lösen, auch wenn man sie zunächst stolz entwickelt hat. Gerade hierfür ist auch die Zusammenarbeit im Team nützlich. Das andere Teammitglied sollte in die Rolle des *advocatus diaboli* schlüpfen, des Teufelsanwalts, der mit Nachdruck versucht, eine Argumentation mit Gegenargumenten zu entkräften. Auf dieser Basis können Argumente oft auch sinnvoll weiterentwickelt statt verworfen werden.

## 3. Auftreten im Prozess und Rhetorik

Der vorliegende Abschnitt nimmt im Rahmen dieses Buches viel Raum ein, da es gilt, dem Teilnehmer das Rüstzeug für einen gelungenen Parteivortrag im Prozess an die Hand zu geben. Hier geht es allerdings nicht um die Vermittlung von absoluten Wahrheiten, sondern vielmehr darum, den Teilnehmern ein gewisses Bewusstsein dafür zu vermitteln, wie man sich verhalten sollte und was man besser sein lässt. Auch in Fragen der Rhetorik gibt es unterschiedliche Geschmäcker. Die nachfolgenden Hinweise sind die Quintessenz aus zahlreichen Moot Court-Übungsveranstaltungen mit Praktikern und den von diesen geäußerten Verbesserungsvorschlägen. Sie gelten speziell für Moot Court-Verhandlungen, die ja von realen Fällen insoweit abweichen, als es auf die Gesamtperformance ankommt und nicht darauf, den Fall auch letztlich rechtlich zu gewinnen. Die jeweiligen Kernaussagen werden vor den Abschnitten thesenartig wiedergegeben, so dass sich der Leser schnell über die anzusprechenden Themen orientieren kann. Vorab sollen fünf Grundregeln angesprochen werden, die besonders wichtig sind und keineswegs so selbstverständlich Beachtung finden, wie man dies erwarten dürfte. Im Anschluss werden viele weitere Aspekte rund um den Auftritt im Moot Court anzusprechen sein.

### a) Grundregeln

#### aa) Grundregel Nr. 1: „Seien Sie authentisch"

Nicht jeder ist für die Bühne geboren. Dies muss man aber auch keineswegs sein, um im Moot Court oder später als Parteivertreter in der Praxis richtig gut und erfolgreich zu sein. Es gilt, die Bereitschaft mitzubringen, an sich zu arbeiten und sich verbessern zu wollen, dies ist die wesentliche Grundvoraussetzung zum Erfolg.

Welche Anlagen man auch immer mitbringt, es gilt, seinen eigenen Stil zu finden und nicht einen fremden zu imitieren bzw. zu kopieren. Wer andere überzeugen möchte, muss glaubhaft sein. Die Kunst des Schauspiels, eine Rolle authentisch zu spielen, lässt sich im Rahmen des Moot Courts weder vermitteln noch erlernen. Parteivertreter sind keine Schauspieler, die die Kunst der Imitation beherrschen würden und spielend in die Rolle einer Ally McBeal schlüpfen können. Auch die Moot Court-Teilnehmer sind keine Schauspieler und werden auch nicht von Schauspiellehrern trainiert. Sie müssen als Person überzeugen und dies verlangt Authentizität. Man muss daher versuchen, authentisch zu sein, wobei es aber auch gilt, die eigenen Schwächen abzustellen und die vorhandenen Stärken noch auszubauen.

Authentizität beginnt mit der Sprache. Die Teilnehmer sollten, sofern es ihnen nicht im Blut liegt, nicht versuchen, ein hochgestocheneres Deutsch zu sprechen, als dies in ihrer üblichen Kommunikation der Fall ist. Verhandlungen vor Gerichten oder Schiedsgerichten verlangen keine blumige Sprache. Wer sie beherrscht mag mitunter punkten, sie kann aber auch befremdlich wirken, dann etwa, wenn das Richtergremium die Ausdrucksweise als künstlich oder gestelzt wahrnimmt. Dann lenkt die Sprache von den Inhalten ab und schadet der Sache.

Auch hinsichtlich seines Auftretens sollte sich jeder treu bleiben. Ein Typ voller Energie sollte nicht versuchen, diese zu unterdrücken. Und wer als Redner in sich ruht und wie ein Baum mit dem Boden verwurzelt zu stehen vermag, sollte nicht beginnen, wild zu gestikulieren, denn dies würde wohl ungelenk und künstlich wirken. Wichtig ist, dass die Persönlichkeit des Redners auch ihren Ausdruck findet und sich nicht hinter dem Blick einer Sphinx oder einem Pokergesicht versteckt.

#### bb) Grundregel Nr. 2: „Seien Sie parteiisch: Vermitteln Sie den Glauben an die Richtigkeit ihrer eigenen Rechtsposition und vertreten Sie diese leidenschaftlich"

Der Vortrag sollte den Glauben vermitteln, der Vortragende sei von seiner Rechtsposition überzeugt. Insoweit gilt es in diesem Sinne eine gewisse Identifikation mit dem Mandanten und seiner Rechtsposition aufzubauen. Man sollte an die eigenen Argumente glauben, andernfalls wird man diese kaum überzeugend vortragen können.

Wenngleich die Fälle bei einer Verhandlungssimulation/einem Moot Court natürlich fiktiv sind, kann es durchaus sein, dass von den Parteivertretern verlangt wird, eine Rechtsauffassung zu vertreten, die sie sonst so nicht teilen würden oder gar nicht für überzeugend halten. Es ist schon vorgekommen, dass Studierende beim Vortrag im Wettbewerb über die Dreistigkeit der vorgetragenen Argumente verlegen lächeln mussten, was keinesfalls passieren darf. Entweder man lässt diese Argumente raus oder man trägt sie mit dem Brustton der Überzeugung vor.

Natürlich ist es im Rahmen eines völkerrechtlichen Moot Courts eine moralisch schwere Herausforderung, Argumente dafür zu sammeln und zu vertreten, dass die Todesstrafe gewohnheitsrechtlich erlaubt sei. Gleichzeitig ist es aber auch eine gute Übung für die spätere Praxis und zudem Teil der eigenen Meinungsfindung.

Die eigene Rechtsposition gilt es dann mit Leidenschaft zu vertreten.

### cc) Grundregel Nr. 3: „Seien Sie positiv und mutig"

Wer am Moot Court teilnimmt, tut dies freiwillig. Auch handelt es sich nicht um eine Examensprüfung, bei der es um viel ginge. Der Moot Court ist Teil der Ausbildung und sollte entsprechend auch zu Übungszwecken genutzt werden. Daraus folgt zweierlei: Im Prinzip gibt es keinen Grund vor irgendetwas Angst zu haben (auch wenn man natürlich nervös sein wird) und so sollte man den Moot Court dazu nutzen, ein positives und freundliches Auftreten auch im Hinblick auf spätere Herausforderungen wie Examensvorträge, mündliche Prüfungen oder Bewerbungsgespräche einzuüben. Wer positiv und freundlich auftritt, weckt Sympathie bei den Zuhörern und wird damit Punkte sammeln.

In der Vorbereitung des Plädoyers werden den Teammitgliedern verschiedene Strategien und Argumentationsstränge durch den Kopf gehen. Ihrer Kreativität werden eigentlich nur Grenzen durch das Verbot der Sachverhaltsquetsche und der rechtlichen Vertretbarkeit gesetzt. Wenn es nun darum geht, die Argumente auszusuchen, die man stärker betonen möchte, sollte man nicht vor originellen oder auch gewagten Argumenten zurückschrecken. Der Moot Court bietet Raum für Experimente, der auch genutzt werden sollte. Mitunter sind es die mutigen, originellen und kreativen Argumente, die im Moot Court ankommen. Oft sind die lebensnahen Argumente die besonders originellen.

### dd) Grundregel Nr. 4: „Stellen Sie sich auf Ihr Gericht ein"

Sehr wichtig ist es, möglichst schnell zu begreifen, „wie das Gericht tickt". Hier ist das Einfühlungsvermögen der Teilnehmer, ihre Empathie, gefragt. Für den ersten Redner ist dies sehr schwer, da man sich kaum auf das Gericht einstellen kann. Die anderen Teilnehmer können in der Zeit des ersten Plädoyers die Richterbank schon einmal ein wenig studieren und daraus mitunter Schlüsse ziehen. Hat man es mit rein den Sachfragen zugewandten Richtern zu tun oder sind diese möglicherweise auch emotionalen, moralischen oder anderweitigen nichtrechtlichen Argumenten gegenüber aufgeschlossen? Wollen die Richter einen soliden Parteivertrag oder wissen sie auch ein engagiertes und beherztes Auftreten als Parteivertreter zu schätzen? Freuen sich die Richter über einen längeren Austausch rechtlicher Ansichten auf der Basis aufgeworfener Fragen oder wollen sie nur eine kurze knappe Antwort im Sinne der zeitlichen Verfahrensbeschränkungen? Soweit die Parteivertreter hier die Zeichen der Richterbank missachten, kann sich dies negativ auswirken. Denn anders als in realen Verhandlungen ist bei Moot Courts und Simulationen der Spielraum auch für die Einbeziehung sachfremder Erwägungen bei der Entscheidung größer. Die Parteivertreter sollten also nicht sogleich mit der Tür ins Haus fallen oder ein Feuer der Leidenschaft abbrennen, wenn sie nicht einzuschätzen wissen, wie dies ankommt.

#### ee) Grundregel Nr. 5: „Es gilt ein Spiel und nicht einen Prozess zu gewinnen“

Natürlich soll der Parteivertreter im Moot Court bestrebt sein, den Fall für seinen Mandanten zu gewinnen. Inwieweit dies auch gelingt, entscheidet jedoch nicht allein über ein Weiterkommen. Im Moot Court wird einem anders als in der Praxis manches vergeben, wenn die Gesamtperformance dies erlaubt. Die Entscheidung über ein Weiterkommen des Teams wird damit zwar unter Einbeziehung der Fundiertheit, Sachlichkeit, Überzeugungskraft und Vertretbarkeit der rechtlichen Argumente getroffen, erschöpft sich darin aber nicht. Hinzu kommen als Kriterien das Ausnutzen der vorhandenen Argumentationsspielräume, Struktur und Klarheit des Vortrags, Rhetorik, Kreativität, freie Rede, Höflichkeit gegenüber Gericht und gegnerischen Anwälten und die Flexibilität und Spontanität bei der Beantwortung von Fragen oder in der Diskussion. Ein Team, das in verschiedener Hinsicht eine schwache rechtliche Position hat, kann letztlich genauso gewinnen wie die Gegenseite.

### b) Spezifika des Auftretens im Moot Court

Wenngleich die genannten Grundregeln sicherlich im Zentrum eines jeden Plädoyers stehen und auch alle weiteren Hinweise immer in ihrem Lichte gesehen werden sollten, gibt es doch noch eine Vielzahl weiterer Aspekte, die zu einer erfolgreichen Teilnahme beitragen können.

Nachfolgend soll eine Runde des Moot Court-Wettbewerbs in ihren einzelnen Stadien durchgespielt werden, damit die Teilnehmer jeweils wissen, was von ihnen erwartet wird. Dabei werden spezifische Fragen, die sich in den jeweiligen Phasen stellen, mitbehandelt. Als Hilfestellung werden jeweils auch Formulierungshilfen an die Hand gegeben, die insbesondere dazu beitragen sollen, dem Vortrag eine Struktur zu geben. Diese Formulierungsanregungen werden nach den Phasen geordnet im nachfolgenden Kapitel nochmals komprimiert aufgelistet.

#### aa) Phase 1: Verhalten ab Eintreffen in den Wettbewerbsräumlichkeiten: „Treten Sie professionell und als Team auf“

##### (1) Bemühen um professionelles Auftreten

Der Moot Court-Wettbewerb ist in gewisser Weise ein Spiel, eines was allerdings bereits mit dem Eintreffen in den Wettbewerbsräumlichkeiten beginnt und erst mit der Verkündung des Ergebnisses endet. Während dieser Zeit muss jedes Team versuchen, ein gutes Bild abzugeben. Es kann durchaus sein, dass auch die Wettbewerbsrichter bereits eingetroffen sind und sich aus der Ferne schon einmal einen Eindruck von den Kandidaten verschaffen, die sie später ggf. zu bewerten haben werden. Es gilt also Ruhe, Souveränität und Gelassenheit auszustrahlen und sich keine Blöße zu geben. Zu jedem Zeitpunkt sollte man sich im Umfeld des Wettbewerbs so verhalten, wie es auch dem späteren Vortragsstil entspricht, nämlich professionell wie ein Parteivertreter.

##### (2) Keine Unsicherheit oder Unzufriedenheit zeigen

Die Teilnehmer sollten sich auch zu keinem Zeitpunkt anmerken lassen, dass sie sich schlecht vorbereitet fühlen oder auch mit ihrer

Leistung im Plädoyer nicht zufrieden waren. Die Authentizität sollte hier dann doch ihre Grenzen haben, man muss die eigene Gefühlslage nicht zu transparent machen. Wenn ein Teilnehmer nach seinem Vortrag das Manuskript auf den Tisch knallt, ist dies ein Zeichen für die Richter, dass man es ihnen nicht übel nehmen kann, wenn sie diesen aufgrund seiner Leistung schlecht benoten, denn scheinbar sah er dies ja genauso. Auch ein solches Verhalten wäre unprofessionell.

#### (3) Immer Beteiligung und Interesse ausstrahlen

Auch soweit die Teammitglieder gerade nicht plädieren, sollten sie sich des eigenen Auftretens bewusst sein. Sie sollten weder beim Vortrag des eigenen Teamkollegen noch beim Vortrag der Gegenseite Interessenlosigkeit oder geistige Abwesenheit ausstrahlen. Vielmehr sollte man zu jedem Zeitpunkt Interesse an dem Verfahren vermitteln. Dies in der Tat nicht nur zu mimen, ist im Übrigen mit Blick auf die Flexibilität in späteren Diskussionen wichtig, denn hier muss man auf die gegnerischen Argumente vorbereitet sein, um gut reagieren zu können.

#### (4) Kleidung: Ziehen Sie sich so an, dass es dem Anlass angemessen ist und Sie sich zugleich wohl fühlen.

Hinsichtlich der Kleidung sollte der Studierende auf zweierlei achten. Zum einen muss man sich in seiner Haut wohlfühlen, zum anderen aber auch nach außen hin dokumentieren, dass man das Gericht respektiert. Dies bedeutet nicht unbedingt, dass man die in Juristenkreisen zumeist übliche förmliche Kleidung zu wählen hat. Jedenfalls aber sollte das Erscheinungsbild so sein, dass die Richter sich als Mitspieler im Wettbewerb ernst genommen fühlen, denn schließlich zeigen sie ein besonderes freiwilliges Engagement gegenüber den Studierenden, das es auch zu würdigen und wertzuschätzen gilt.

Das eigene Wohlbefinden wird wie so oft bei gesellschaftlichen Anlässen auch sehr davon abhängen, ob man sich *overdressed* oder *underdressed* fühlt. Die Richter, die zum größten Teil aus ihrer praktischen Tätigkeit zum Moot Court stoßen, werden fast ausnahmslos formell gekleidet sein.

### (5) Auftreten als Team

Von Anfang an ist es wichtig, dass die Teilnehmer eines *Teams* auch als solches auftreten und Harmonie ausstrahlen. Ganz wesentlich für den Erfolg eines Teams ist neben einer in sich geschlossenen Leistung auch ein entsprechendes Auftreten nach außen. Dies beginnt womöglich sogar mit einer abgestimmten Kleidung und hört bei einem kollegialen Verhalten während der gesamten Prozessdauer auf. Das gemeinsame Auftreten sollte Teamgeist vermitteln, den Wunsch gemeinsam erfolgreich zu sein, und die Bereitschaft, sich gegenseitig zu helfen. Die Teammitglieder dürfen sich nicht rüde ins Wort fallen. Bevor ein Teammitglied das andere offen vor dem Gericht korrigiert, sollte es hierfür gute Gründe geben. Besser ist es oft, eine Korrektur versteckt, etwa als „Ergänzung" tituliert, einzubringen (und zu hoffen, dass der Widerspruch nicht bemerkt wird). Soweit die Diskussion offen geführt wird, sollten sich beide Mitglieder zur gegenseitigen Unterstützung einbringen.

Ein solches Auftreten stellt man allerdings zumeist nur dann her, wenn es auf einem bereits in der Vorbereitung entwickelten Teamgeist aufbaut. Wie oben beschrieben ist einer der sehr positiven Aspekte des Moot Courts die Chance, dass die Teammitglieder sich gegenseitig helfen, unterstützen, motivieren und fordern. Ein Team, das nicht von diesem Geist getragen wird, wird selten Erfolg haben.

Auch die Vortragsart und der Vortragsrahmen sollten aufeinander abgestimmt sein. So kann der zweite Redner mitunter auf Aspekte verweisen, die von seinem Kollegen bereits erläutert wurden. Auch sollte hinsichtlich der Darstellung der Gliederungsstruktur und der diesbezüglich vom Vorredner verwendeten Formulierungen eine Abstimmung erfolgen. Auch dies unterstreicht den Eindruck, als Team aufzutreten.

## bb) Phase 2: Das Betreten des Gerichtssaals

### (1) Begrüßung

Bei den Moot Court-Wettbewerben wird es typischerweise so sein, dass das Gericht in dem Moment, in dem die Teilnehmer den Raum betreten, bereits anwesend sein wird. Die Begrüßung wird sich zumeist auf ein freundliches Zunicken und Hereinbitten beschränken.

Sofern von dem Gericht nicht die Initiative ausgeht, sich per Handschlag zu begrüßen, sollte man dies nicht selbst initiieren.

Sollten die Richter, wie etwa anlässlich des Finales in den Raum einziehen, sollten sich die Teams von ihren Sitzen erheben bzw. an die Anwaltsbank treten und sich dann auf einen entsprechenden Hinweis des Gerichts setzen.

#### (2) Platz einnehmen, Unterlagen zurechtlegen

Die eintretenden Teams werden sodann zu ihren Plätzen dirigiert; diese werden auch mit den Schildern „Kläger“ bzw. „Beklagter“ ausgewiesen sein. Sodann wird der Vorsitzende den Teams zunächst die Zeit geben, sich zu setzen, auszupacken und die Unterlagen zu ordnen. Auch wenn das Gericht hier nicht ausreichend Zeit lassen sollte, sollte man sich dadurch nicht aus der Ruhe bringen lassen. Dies gilt insbesondere für den ersten Redner bzw. die erste Rednerin. Man nimmt sich dann einfach die Zeit, die man braucht.

Zumeist wird der Richter, der den Vorsitz übernommen hat (der Vorsitzende) noch ein paar freundliche Worte sprechen und beide Seiten dann einladen, ihre Standpunkte vorzustellen. Die Reihenfolge wird vom Gericht bestimmt. Oftmals wird das Gericht erst die Kläger- und dann die Beklagtenseite hören. Soweit sich die Themen der Verhandlung trennen lassen, kann es auch sein, dass nach dem Klägervortrag zum ersten Teilaspekt der diesbezügliche Vortrag der Beklagtenseite folgt. Im Falle von Klage und Widerklage mag es sein, dass der Kläger zunächst zur Klage vorträgt, auf die der Beklagte erwidert, bevor die Beklagtenseite ihrerseits zur Widerklage vorträgt, worauf dann die Klägerseite erwidert.

### cc) Phase 3: Einstieg in das Plädoyer

#### (1) Blickkontakt

Nachdem man vom Vorsitzenden eingeladen wurde, seine Rechtsansichten vom Pult aus zu präsentieren, tritt der Parteivertreter nach vorne, ordnet sein Redemanuskript bzw. mitgeführte Unterlagen (dies nur soweit es nicht schon auf der Anwaltsbank geschehen sein sollte) und nimmt dann Blickkontakt zu den Richtern auf.

Es gilt möglichst, den Moment kurz abzuwarten, zu dem alle drei Richter signalisiert haben, für den Vortrag bereit zu sein. Dies entspricht zum einen der Höflichkeit, hat aber darüber hinaus eine noch viel größere Bedeutung. Es gilt neben dem mündlichen Vortrag auch gerade über den Blickkontakt eine Beziehung zu den Zuhörern aufzubauen. Dies weckt Sympathie für den Parteivertreter, die für die spätere Entscheidung sehr wichtig sein kann.

Auch während des Plädoyers ist es entsprechend ganz zentral, den Blickkontakt zu den Richtern zu suchen und zu halten. Dabei sollten alle Richter gleichermaßen mit Blicken bedacht werden, keiner sollte sich missachtet oder zurückgesetzt fühlen. Mitunter liest man in Rhetorikbüchern etwas über den sog. Scheibenwischerblick. Hiermit ist gemeint, dass bei drei zu adressierenden Personen zunächst die links sitzende Person für eine kurze Weile angesehen und dann mit den anderen nach und nach entsprechend verfahren wird. Rechts angekommen arbeitet man sich dann nach gleichem System wiederum von rechts nach links vor. Auch wenn man mit diesem System sicherstellt, alle Adressaten gleichermaßen zu würdigen, so muss man hierbei doch ein wenig aufpassen, dass es nicht zu maschinell wirkt. Im Sinne des gegenseitigen Blickkontakts ist es auch wichtig, dafür zu sorgen, dass längere Haare oder Strähnen, die regelmäßig zurecht zu rücken wären, nicht im Wege sind.

Sofern sie nicht der erste Vortragende sind, sollten sie beobachten, ob die Richter es überhaupt schätzen, regelmäßig in den Blick genommen zu werden. Soweit sie sogleich wegsehen, ist dies ein deutliches Zeichen für den Parteivertreter, mit den eigenen Blicken nicht zu sehr zu insistieren. In diesem Fall sollte sich der Blick auf die anderen Richter konzentrieren. Bei entsprechenden Beobachtungen ist aber ein Anstarren der Richter von der Parteivertreterbank aus zu vermeiden.

Angemerkt sei in diesem Zusammenhang noch, dass Blickkontakt gleich in welcher Veranstaltung hilft, die Beziehung zwischen Redner und Publikum aufzubauen, die für die Vermittlung von Inhalten so wichtig ist.

### (2) Stand/Körperhaltung

Die Parteivertreter sollten sich um eine offene, dem Gericht zugewandte Körperhaltung bemühen. Dabei sollte natürlich alles vermieden werden, was den Eindruck von Nervosität erweckt. So sollte man möglichst nicht zu „zappelig“ vor das Gericht treten. Entsprechend ist es gut, wenn man am Pult steht, als sei man gleich einem Baum mit dem Boden verwachsen. Aber auch hier gilt: Noch wichtiger ist es, sich wohl zu fühlen und so kann auch ein lebendigerer, authentischer Stil überzeugen. Sollte der Redner also früher Ballettunterricht genommen haben und es vorziehen, mit einem deutlich abgespreizten Bein zu stehen, dann mag dies ungewöhnlich aussehen, im Hinblick auf den Aufwand, sich dies abzutrainieren, aber akzeptabel sein. Gleiches gilt für den energiegeladenen Redner, der die vorhandene Dynamik auch mit Standwechseln und Gesten zum Ausdruck bringt.

Der Redner sollte sich nicht zu sehr über das Pult beugen oder gar darauf lehnen. Eine aufrechte Körperhaltung ist zu präferieren. Auch sollte man darauf achten, nicht – wie man es nicht selten bei Politikern sieht – mit den Händen über die Pultränder hinauszugreifen. Dies bringt die Gefahr mit sich, sich in Stresssituationen, etwa bei Fragen, regelrecht am Pult festzukrallen und damit Verkrampfung zu signalisieren.

Soweit man die Hände nicht zur Unterstreichung der Argumente mit Gesten einsetzt, können diese auf dem Pult ruhen. Wem dies zu statisch ist, kann sich auch eines Stiftes bedienen, der phasenweise von beiden Händen festgehalten wird.

### (3) Mimik/Gestik

Wie oben bei den Grundregeln beschrieben, sollte man sich um ein positives und freundliches Auftreten bemühen. Die Mimik orientiert sich hieran. Dies bedeutet natürlich nicht, dass man während des Vortrags permanent lächeln sollte. Ernsthaftigkeit und Bestimmtheit in den eigenen Auffassungen gilt es natürlich auch deutlich zu vermitteln. Gleiches gilt auch etwa für das Zeigen von Empörung. Zum Beginn und zum Abschluss des Plädoyers sollte im Sinne eines guten Gesamteindruckes aber Freundlichkeit ausgestrahlt werden. Auch soweit der Parteivertreter nach der Erläuterung von bestimmten Sachthemen die Richter zu Nachfragen einlädt, sollten diese sich auch eingeladen fühlen, was wiederum Freundlichkeit verlangt.

Im Hinblick auf Gesten kann man sich ebenfalls an dem bereits Gesagten orientieren. Wenn diese zu einem authentischen Auftreten beitragen, gehören sie natürlich dazu. In der Tat ist der Einsatz von Gesten sehr positiv, soweit sie die Argumentation unterstreichen. Sinnvoll ist es dabei, sie nicht wahllos, sondern gezielt bei bestimmten Kernaspekten des eigenen Vortrags einzusetzen. Selektiv verwendet sind Gesten damit sehr nützlich, um bestimmte Aussagen zu unterstreichen.

Die Gesten dürfen niemals harsch oder schnell sein. Dies wirkt oft aggressiv und damit unvorteilhaft.

### (4) Verhalten gegenüber dem Gericht

Das Gericht wird zumeist in der Person des Vorsitzenden angesprochen:

> „Herr Vorsitzender..."

Mitunter findet aber auch noch der etwas antiquierte Begriff „Hohes Gericht" ergänzend Verwendung:

> „Herr Vorsitzender, Hohes Gericht,...."

Dieser Anrede sollte man sich im Moot Court bedienen, wenn man alle Richter ansprechen möchte.

Das Verhalten gegenüber dem Gericht ist von Respekt geprägt. Höflichkeit ist ein absolutes Gebot, wobei man aufpassen muss, da eine übertriebene Höflichkeit als unterwürfig oder gar schleimig gewertet werden kann. Die Höflichkeit sollte insoweit mit Sachlichkeit gepaart sein.

Wie bereits oben beschrieben ist es ganz wichtig, zu dem Gericht in Beziehung zu treten. Neben dem Blickkontakt wird dies auch dadurch erreicht, dass man regelmäßig nach Besprechung eines bestimmten Themenbereiches und vor Übergang zum nächsten Thema zu Fragen einlädt:

> „Soweit Sie keine (weiteren) Fragen haben sollten (kurze Pause), würde ich jetzt zum nächsten Gliederungspunkt, der Frage des... übergehen."

### (5) Redemanuskript/freie Rede

Im Hinblick auf den Vortrag gibt es zwei grundlegende Ansätze. Die Parteivertreter können entweder den Vortrag vollständig ausformulieren oder sie können ihren Vortrag anhand von Stichworten halten. Bei den großen, internationalen Moot Court-Wettbewerben darf von den Teilnehmern erwartet werden, dass sie ihr Plädoyer nahezu frei vortragen. Dies ist sowohl zeitlich als auch auf Basis einer Vielzahl von Übungssitzungen problemlos möglich. Im Rahmen eines Moot Court-Wettbewerbs, der in kurzen aufeinanderfolgenden Runden ausgetragen wird, wäre es vermessen, von den Teilnehmern ein komplett freies Plädoyer zu erwarten. Gleichzeitig bedeutet das Erarbeiten eines Vortragstextes aber nicht, dass man auf Elemente der freien Rede gänzlich verzichten sollte. Bei einem komplett ausformulierten Text besteht die Gefahr, dass der Redner es sich zu einfach macht und zu einem Vorleser verkommt. Dies merkt man sofort, wenn etwa besonders schöne Formulierungen oder Übergänge von einem Thema zum nächsten in einem monotonen Vortrag untergehen. Da nützt dann auch der schönste Text nichts mehr, der Redner läuft Gefahr, seine Zuhörer bereits nach kurzer Zeit zu verlieren. Wenn man diese Variante wählt, muss man unbedingt versuchen, den Text lebendig vorzutragen, wenn es geht sogar so lebendig, dass nicht der Eindruck entsteht, dass überhaupt ein komplett vorformulierter Text als Vorlage dient. Hierzu kann man den Text und insbesondere auch die Passagen, in denen es besondere Aspekte zu betonen gibt, mit farblichen Hervorhebungen markieren. Die andere Alternative besteht darin, zumindest über Elemente der freien Rede den Vortrag lebendiger und damit auch besser verfolgbar zu machen. Entsprechend sollten sich die Teilnehmer überlegen, ob sie in bestimmten Passagen des Vortrags nicht bewusst auf einen fertigen Text verzichten und die Argumentation frei vortragen. Da die freie Rede mit zu den Bewertungskriterien des Moot Courts dazu gehört, kann dies deutliche Vorteile bei der Entscheidung bringen.

Hinsichtlich des Redemanuskripts gilt Folgendes: Unabhängig davon, ob man mit Din A4 Blättern oder Karteikarten operiert, sollte die Schrift unbedingt leicht lesbar sein, so dass man mindestens Schriftgröße 16 wählen sollte. Weiter sollten die Seiten übersichtlich gestaltet sein, zu viele Informationen auf einer Seite erlauben es nicht immer, etwa nach einer Unterbrechung, die Stelle, an der man aufgehört hat, wiederzufinden.

Die Blätter oder Karteikarten des Redemanuskripts sollten unbedingt nummeriert sein. Sollte man im Plädoyer wider Erwarten einmal durcheinander kommen, muss es möglich sein, die Ordnung schnell wieder herzustellen.

Wie teilweise bereits oben im Zusammenhang mit der Argumentation angesprochen, muss man sich hinsichtlich Gestaltung und Inhalten des Vortrags zunächst vergegenwärtigen, dass dieser das einzige Medium ist, dem Gericht seine Rechtspositionen darzulegen. Denn anders als im Prozess oder Schiedsverfahren haben die Parteien die jeweiligen Rechtsansichten nicht bereits in Form eines Schriftsatzes ausgetauscht, so dass deren eigentliche Vermittlung im Vortrag erfolgt. Ebenso wie dies in einem Schriftsatz der Fall gewesen wäre, muss man sich um eine deutliche Struktur bemühen und den Zuhörer durch den Vortrag leiten. Er sollte zu jedem Zeitpunkt wissen, wo er ist und sofern er einmal den Faden verliert, die Chance haben, zwischendurch wieder den Einstieg zu finden. Das Plädoyer ist kein Fachvortrag. Vielmehr muss der Kandidat zeigen, dass er in der Lage ist, nach der Erläuterung und Definition bestimmter relevanter Tatbestandsmerkmale den Weg zurück in den Fall zu finden, und dies nicht nur beiläufig sondern in einer Weise, die belegt, dass man das Fachwissen anschaulich auf die vorliegende Problematik anzuwenden vermag.

Die Parteien müssen bei der Gestaltung des Plädoyers zu jedem Zeitpunkt deutlich machen, wann sie rechtliche Fragen des einschlägigen Tatbestandes erörtern und wann sie zur Sachverhaltssubsumtion übergehen. Übergänge sollten nicht in einem monotonen Monolog untergehen. Hier können den Zuhörern klare Signale gegeben werden.

> „Übertragen auf die Fakten des Falles kommen wir somit zum Ergebnis, dass…“

Auch sollte man im Plädoyer immer wieder die einleitende Gliederungsstruktur aufgreifen und es deutlich machen, wenn man von einem Thema zum nächsten übergeht:

> „Soweit zu diesem Themenkomplex keine Fragen mehr bestehen, würde ich dann gerne zum Problem der... übergehen."

Der Vortragstext sollte dem Parteivertreter auch signalisieren, wo im Text bestimmte Sätze oder Wörter (Highlights) besonders zu betonen sind. Solche Stellen sollten mit Signalfarben gekennzeichnet sein. Gleiches gilt für rhetorische Fragen, rhetorische Pausen oder besonders zu betonende rhetorische Floskeln wie etwa:

> „Ergänzend sei noch angemerkt..."
>
> „Darf ich in diesem Zusammenhang zu bedenken geben..."
>
> „Können wir in der Tat wirklich davon ausgehen, ..."
>
> „Dies erscheint bereits im Hinblick auf ..."

Auch wenn der Einsatz einer rhetorisch starken, schönen und bildreichen Sprache natürlich ein Genuss sein kann, muss man immer auch im Hinterkopf behalten, dass die sprachliche Verpackung auch von den rechtlichen Inhalten ablenken kann, was ebenfalls vermieden werden sollte.

### (6) Einstieg in das Plädoyer

Der Einstieg in das Plädoyer wird insoweit einfach gemacht, als man hier einer festgelegten Sequenz von Einstiegssätzen folgen kann. Dabei sollte sehr darauf geachtet werden, langsam und deutlich zu sprechen. Man beginnt zunächst mit der Vorstellung:

> „Herr Vorsitzender, Hohes Gericht, mein Name ist... und gemeinsam mit meiner Kollegin/meinem Kollegen... vertrete ich die Klägerin/Klägerseite..."

Sodann gilt es dem Vortrag eine erste Struktur zu geben:

> „Ich werde nun zunächst zur Frage der von meiner Mandantin geltend gemachten Klage auf Zahlung eines Schadensersatzes in Höhe von... eingehen. Mein Kollege/meine Kollegin... wird sodann die Frage der Widerklage erörtern."

Auf die Grobgliederung folgt die zwingende Angabe zur jeweiligen Redezeit:

> „Hinsichtlich der Redezeit darf ich für mein Plädoyer sieben und für das Plädoyer meiner Kollegin neun Minuten anzeigen."

Nach diesen Vorbemerkungen folgt sodann (soweit der Fall dies hergibt) eine detaillierte Gliederungsstruktur, die es den Zuhörern mangels vorhandener Schriftsätze erleichtern soll, dem Plädoyer zu folgen. Auch wird ihnen auf diese Weise eine Art Fahrplan an die Hand gegeben und sie wissen, worauf sie sich einstellen können:

> „Ich werde zunächst auf die Frage des Abschlusses eines Gefälligkeitsvertrages eingehen und sodann das Problem einer möglichen Kündigung erörtern."
>
> „Ich beginne mit der Frage des..."

Sodann fährt man, wie oben bei den Hinweisen zur Argumentation beschrieben, fort.

### (7) Zeichen von Nervosität/Automatismen

Nervosität ist natürlich und typischerweise nützlich, um eine besonders gute Leistung zu erbringen. Es ist daher auch nie ein Problem, wenn man zu Beginn des Vortrags auch Zeichen von Nervosität zeigt. Die Tatsache, dass man die einleitenden Sätze bereits vorbereiten und entsprechend auch frei sprechen kann, wird aber oft dazu beitragen, dass die Zuhörer dem Redner die Nervosität nicht anmerken.

Nervosität äußert sich mitunter aber auch durch bestimmte Automatismen, derer sich der Redner oft nicht bewusst sein wird. Da diese störend wirken können, sei hier darauf hingewiesen. Dies gilt für ein regelmäßiges Kratzen am Kopf oder im Gesicht, ein „Nasehochziehen" und ähnliches. Alles, was wie diese Beispiele von dem Vortrag ablenkt, sollte möglichst vermieden werden. Aus diesem Grunde ist es auch sehr gut, wenn die Teilnehmer ihre Plädoyers in der Videoanalyse sehen und auf diese Automatismen hingewiesen werden. Diese sind damit noch nicht zwingend abgeschaltet, oft aber begrenzbar.

### (8) Zeitplanung/Zeitaufteilung zwischen den Teamkollegen

Die Zeit für die jeweiligen Plädoyers ist nach dem Reglement begrenzt. Die Zeiten gilt es nicht nur im Sinne der Wettbewerbsdurchführung einzuhalten, sie sind auch Ausdruck eines gerechten Verfahrens, das sicherzustellen das Gericht und die Parteien gemeinsam gehalten sind.

So muss der erste Redner eines Team das Gericht zu Beginn des Plädoyers wie folgt informieren:

> „Hinsichtlich der Redezeit werde ich 9 und mein Kollege 7 Minuten in Anspruch nehmen."

Hinsichtlich der Zeitaufteilung zwischen den Teammitgliedern gibt es natürlich kein Patentrezept, dies ist immer von den Themenblöcken, die der Fall vorgibt, abhängig. Ideal ist natürlich eine Aufteilung, die beiden Seiten eine entsprechende Redezeit gewährt. Sollte dies nicht möglich sein, sollte zumindest darauf geachtet werden, dass Abweichungen in der Sprechzeit nicht auf eine fehlende Homogenität des Teams hindeuten.

Mit Blick auf die zugewiesene Zeit sollte jedes Teammitglied zunächst ein Plädoyer vorbereiten, das – langsam vorgetragen – erlaubt, die Zeit einzuhalten. Im Hinblick auf Fragen muss man sich allerdings auch überlegen, welche Aspekte des Vortrags man ggf. kürzt, nur schnell zusammenfasst oder gar weglässt, um in der Zeit zu bleiben. Man muss sich also von Anfang an Notfallpläne zurecht legen, um für alle Eventualitäten gerüstet zu sein. Die Kunst besteht also darin, das Plädoyer an die verbleibende Zeit anzupassen, ohne dass dies bemerkt wird. Man kann aber auch wie folgt formulieren:

> „Wie ich sehe, verbleibt mir nur noch wenig Zeit, ich möchte daher in der gebotenen Kürze noch den Aspekt der ... ansprechen."

Wie nachfolgend noch darzustellen sein wird, ist der Schluss sehr wichtig. Hier darf man keine Kompromisse machen. Es ist besser, an der Argumentation zu kürzen, statt an einem runden Abschluss. Sollte die Zeit abgelaufen sein, bevor man das Ende erreicht, kann man das Gericht um eine kurze Verlängerung bitten, um die eigene

Position kurz abschließend zusammenzufassen und den Antrag zu stellen:

> „Wie ich sehe ist meine Redezeit abgelaufen, darf ich nur noch kurz unsere Ansichten zusammenfassen und den Antrag stellen?“

### (9) Dialog während des Plädoyers/Beantwortung von (provokativen) Fragen

Fragen der Richter sind für die Parteivertreter natürlich nicht planbar. So kann man verstehen, dass dies bei den Teilnehmern Unsicherheit auslöst. Gleichzeitig bieten Fragen aber auch eine tolle Chance. Der Parteivertreter erhält die Gelegenheit, ganz gezielt auf die Bedenken der Richter einzugehen und diese auszuräumen. So mancher Moot Court wurde nicht im Plädoyer, sondern im Dialog mit den Richtern entschieden. Bedenkt man die eigene Vorbereitung auf das Verfahren, sollte es typischerweise problemlos möglich sein, eine zufrieden stellende Antwort zu geben. Natürlich kann man sich im Vorfeld überlegen, welche Frage kommen könnte und wie man auch diese beantworten würde.

Wenn das Gericht zu einer Frage ansetzt, muss der eigene Vortrag augenblicklich beendet werden. Alles andere wäre unhöflich und respektlos. Auch darf ein Richter in seiner Frage nie unterbrochen werden, auch dann nicht, wenn er dem Parteivertreter seinerseits ständig ins Wort fällt. Richter muss man stets ausreden lassen. Soweit mehrere Fragen gestellt werden, muss man sich diese zur Not notieren (hierfür sollten Blatt und Stift bereitliegen). Es sieht nicht so gut aus, wenn man nochmals nachfragen muss, weil eine der Fragen vergessen wurde.

Sollte die Frage nicht verstanden worden sein, ist es keine Schande, sehr sachlich oder auch charmant nachzufragen, ob es möglich wäre, die Frage nochmals zu präzisieren:

> „Ich bin nicht sicher, dass ich recht verstanden habe, worauf Sie hinauswollen; könnten Sie die Frage präzisieren?“

> „Verzeihen Sie, (Herr Vorsitzender,) aber ich bin mir nicht so ganz sicher, worauf Sie hinaus wollen. Zielen Sie in Richtung...“

Der Richter wird dann oftmals eine eingangs noch verklausulierte Frage mit einer deutlicheren Erklärung versehen, so dass klar wird, worauf die Frage hinausläuft.

Wenn man die Frage verstanden hat und Zeit zum Überlegen gewinnen will, kann man wie folgt formulieren:

> „Eine gute Frage, das ist natürlich sehr überlegenswert."

In den allermeisten Fällen reicht dieser kurze Zeitgewinn dazu aus, eine Antwort vorzubereiten.

Soweit es sich um eine provokative Frage handelt, eine Frage, die eine andere Meinung zum Ausdruck bringt oder aber zeigt, dass ein wesentlicher Punkt vom fragenden Richter nicht verstanden wurde, muss man vorsichtig agieren. Man sollte den Richter nicht brüskieren oder ihm offen widersprechen. Aussagen wie „Nein, das sehe ich anders", „Nein, dies ist unzutreffend" oder „Wie ich eben schon sagte (und Sie scheinbar nicht verstanden haben)" sollten vermieden werden.

Bessere Lösungen sehen wir folgt aus:

> „Herzlichen Dank, (Herr Vorsitzender,) dies ist ein sehr wichtiger Aspekt, der mir die Gelegenheit gibt, unsere Position in dieser Frage deutlich zu machen/etwas eingehender anzusprechen."

> „Herzlichen Dank, (Herr Vorsitzender,) Ihre Frage gibt mir Gelegenheit zu einer wichtigen Klarstellung..."

> „Herzlichen Dank, (Herr Vorsitzender,) in diesem Punkt habe ich mich wohl missverständlich ausgedrückt und freue mich, dies nun klarstellen zu können."

> „Herzlichen Dank, (Herr Vorsitzender,) ich kann Ihnen in diesem Punkt nur insoweit folgen, als... Was hingegen die Frage der... betrifft, muss ich für meine Mandantin betonen..."

> „Herzlichen Dank, (Herr Vorsitzender,) Sie haben mit Ihrem Einwand natürlich recht/das ist natürlich völlig richtig und doch glaube ich, dass.../und doch dürfen wir nicht vergessen..."

Insbesondere letztere Formulierungen kann man verwenden, wenn man in der Sache eine gänzlich andere Meinung als der Richter vertritt und von dieser auch nicht abrücken möchte.

Im Anschluss kann dann noch „scheinheilig“ nachgefragt werden:

> „Ist Ihre Frage damit beantwortet?“

Oder man schließt an die Beantwortung (insbesondere in Fällen von Zeitnot) folgende Formulierung an:

> „Wenn keine weiteren Fragen bestehen sollten, würde ich fortfahren und zur Frage... kommen.“

Besonders bei sehr provokativen Einwänden seitens der Richter (etwa: „Wollen Sie uns ernsthaft hier erklären, dass Sie der Ansicht sind, ...“) gilt es, Ruhe zu bewahren. Der einzige Grund für eine solch aggressive Vorgehensweise eines Richters im universitären Wettbewerb besteht darin, zu erforschen, ob der Parteivertreter auch dann noch standhält, wenn man den Ton verschärft. Es gilt also ruhig zu bleiben, ggf. nochmals nachzulegen oder aber – wenn man vielleicht wirklich in seiner Argumentation zu weit gegangen sein sollte – wie folgt zu formulieren:

> „Wenn ich das Gericht in diesem Punkte nicht überzeugen kann, würde ich gerne mit meinem nächsten Punkt fortfahren und Sie zumindest davon überzeugen dass jedenfalls...“

Im Grundsatz gilt dabei, Rechtspositionen erst dann preiszugeben, wenn man merkt, dass das Gericht diesen nicht zu folgen bereit ist.

Auch wenn eine Frage einmal dem Vortrag vorgreifen sollte, sollte dem Richter nicht das Gefühl gegeben werden, die Frage zur Unzeit gestellt zu haben. Eine Aussage wie: „Zu diesem Punkt komme ich später“, verbietet sich aus Gründen der Höflichkeit gegenüber dem Gericht. Sollte sich die Thematik im Rahmen des Plädoyers unmittelbar anschließen, bittet man um die Erlaubnis, den soeben behandelten Aspekt kurz zu Ende bringen zu dürfen, die Frage würde dann sogleich beantwortet:

> „Vielen Dank für die Frage, (Herr Vorsitzender,) dürfte ich nur schnell meine Ausführungen zu diesem Punkt zu Ende bringen, Ihre Frage betrifft dann sogleich den nächsten Punkt.“

In allen anderen Fällen muss man in den sauren Apfel beißen und die Frage unmittelbar beantworten. Auch wenn dies das Plädoyer in Teilen durcheinander wirbeln sollte, kann man diese Momente auch als Chance begreifen. Es kommt nicht darauf an, sein Plädoyer wunschgemäß durchzubringen, sondern zu jedem Zeitpunkt, so auch bei der Beantwortung von Fragen, gut auszusehen. Diese Gelegenheit sollte man dann auch offensiv ergreifen.

Nur ausnahmsweise, wenn einen die Beantwortung aktuell überfordern würde, darf man um das Einverständnis zur späteren Behandlung der Frage bitten:

> „Ich würde diese Frage gerne später ansprechen, wenn Ihnen dies recht wäre?“

Damit hat man dem Richter die Wahl gelassen, wobei dieser den sehr höflich vorgetragenen Wunsch kaum verweigern wird.

Es sei nochmals angemerkt, dass Fragen der Richter Teil des Spiels sind. Sie sollten auch nicht als Schikane oder ähnliches, sondern vielmehr als Chance begriffen werden, sich ins positive Licht zu rücken. Sollte eine Diskussion auf Basis einer Frage entstehen, die Zeit für das Plädoyer raubt, so ist dies nicht das Verschulden des Parteivertreters. Dies kann vielmehr die Grundlage dafür bilden, dass man bei Zeitablauf noch um die für die Zusammenfassung der Ergebnisse nötige Zeit bitten kann.

In einzelnen Fällen verraten Fragen auch, dass der Richter eine andere Sicht der möglichen Lösung hat. Hier besteht die ganz große Kunst darin, dem Gedankengang zu folgen und eine Lösung zu entwickeln, die zu dem gewünschten Ergebnis führt. Wer dies spontan umzusetzen vermag, vollbringt mit die größte Leistung in einem Moot Court-Wettbewerb.

#### (10) Verhalten gegenüber der gegnerischen Seite

Der Gegenseite ist kollegial entgegenzutreten. Während des Plädoyers sollte die Gegenseite aber eigentlich keine Rolle spielen. Dem Parteivertreter geht es ausschließlich darum, das Gericht zu überzeugen. Die Gegenseite sollte insoweit nicht aktiv adressiert oder gar direkt angesprochen werden (Ausnahmen bestätigen die Regel). Es ist nicht die Gegenseite, die über den Ausgang entscheidet, sondern das Gericht, dem insofern die größtmögliche Aufmerksamkeit zu schenken ist. Dies ändert sich natürlich, soweit das

Gericht eine Diskussion zulässt; dann wäre es unhöflich, die Gegenseite weiter zu ignorieren.

Soweit man auf Argumente der Gegenseite eingehen möchte, kann dies wie folgt geschehen:

> „Wie die Gegenseite (alternativ: der Kläger, die Beklagte) zu Unrecht anmerkt...“
>
> „Entgegen der Argumentation der Gegenseite...“ etc.

Während des gegnerischen Plädoyers sollten beide Teammitglieder sehr aufmerksam zuhören und sich Notizen für die spätere Diskussion bzw. eine Erwiderung machen. Soweit die Ausführungen der Gegenseite Anlass zu einem Austausch geben, sollte dieser stumm – etwa durch den Austausch von Zetteln oder das Zeigen auf eine schriftliche Notiz – erfolgen. Selbst Flüstern kann als unhöflich und störend gewertet werden.

### (11) Unvorhergesehenes

Ein sehr guter Teilnehmer hatte sich kurz vor der ersten Wettbewerbsrunde noch schnell zuhause auf seinen Vortrag vorbereitet und in der Eile des Aufbruchs dann übersehen, dass ihm eines seiner Vortragsblätter heruntergefallen war. Dies stellte er zu seinem Entsetzen erst im Plädoyer fest. Irritiert vom Fehlen des Blattes begann er zunächst in seinem Blätterstapel, dann auf seinem Tisch, in der Tasche etc. zu suchen. Wenn so etwas passiert, darf man das Gericht kurz um Verständnis für eine kleine Unterbrechung bitten. Wenn sich dann das Problem aber nicht beheben lässt, muss man in der Lage sein, zu improvisieren. Der Text muss soweit verinnerlicht sein, dass man zur Not jedenfalls die Kernaspekte des Plädoyers zu schildern vermag. Gelingt dies, kann man gar mit Sonderpunkten durch das Wettbewerbsgericht rechnen. Der Kollege im Beispiel war so perplex über die fehlende Seite, dass er die Fähigkeit zu improvisieren, die er problemlos gehabt hätte, nicht einzusetzen vermochte.

### (12) Keine falsche Erwartungshaltung an Plädoyer und Befragung

Die Parteivertreter haben die Gestaltung von Plädoyer und Befragung nur sehr begrenzt unter Kontrolle. Sie können jederzeit unterbrochen und mit Fragen behelligt werden und es ist gut möglich, dass sich die Richter an einzelnen Aspekten festbeißen und dem Parteivertreter nicht die Chance geben, sein phantastisch vorbereitetes Plädoyer bis zum Ende vorzutragen. Aber hierum geht es auch gar nicht. Der Parteivertreter soll in allen Situationen, die sich bieten, ein gutes Bild machen. Natürlich ist es ärgerlich, wenn man nicht die Chance bekommt, einige der guten Überlegungen, die man sich im Vorfeld gemacht hat, zu äußern. Aber dies ist auch nicht das Hauptziel. Dem Studierenden muss es darum gehen, zu jedem Zeitpunkt, gleich ob im Plädoyer, bei der Befragung oder in der Diskussion gut und sachlich zu argumentieren. Wird dies erreicht, ist die Aufgabe erfüllt, jenseits von allen nicht angesprochenen Aspekten. Entsprechend gilt es, eine gewisse Frustrationstoleranz mitzubringen und sich auf alle Eventualitäten einzustellen.

#### dd) Phase 4: Ende des Plädoyers und Abgang

Der Schluss des Plädoyers ist nochmals besonders wichtig. Es geht darum, die Sache rund zu machen. Der letzte Eindruck ist nicht weniger bedeutend als der erste.

Wenn man zu Beginn des Plädoyers eine deutliche Betonung auf die Struktur gelegt hat, ist es nun wichtig, diese Struktur nochmals aufzugreifen und die Ergebnisse klar und deutlich zusammenzufassen. Dies mag besonders dann eine große Rolle spielen, wenn man aufgrund von Zeitproblemen nicht in der Lage war, alle Aspekte anzusprechen. Dies kann dann bei der Zusammenfassung auch kurz am Rande Erwähnung finden.

Einleitend kann man zum Abschluss formulieren:

> „So darf ich abschließend unsere Position nochmals wie folgt zusammenfassen…“

> „Zusammenfassend kann also festgehalten werden, dass aus unserer Sicht…“

An die Zusammenfassung muss sich sodann der „Antrag“ anschließen:

> „Und so kann ich abschließend nur nochmals betonen, dass… und beantrage entsprechend dem Klageantrag (in voller Höhe) stattzugeben/die Klage abzuweisen.

> Hinsichtlich der Widerklage wird Klageabweisung beantragt/wird beantragt, den Beklagten zu verurteilen, an den Kläger… zu zahlen."

Der Schlusssatz kann wie folgt lauten:

> „Dann danke ich Ihnen sehr herzlich für Ihre Aufmerksamkeit."

Gegebenenfalls folgt:

> „Meine Kollegin wird nun mit dem Problem der … fortfahren."

Wie bereits oben angesprochen, sollte man mit Stolz abtreten, auch wenn einen das Gefühl beschleicht, dass nicht alles toll gelaufen ist. Wer abtritt und dabei die Körperhaltung eines Besiegten verrät, kann nicht erwarten, dass die Richter dies anders sehen. Auch ist es oft der subjektive Eindruck, der einem ein schlechteres Gefühl gibt. Und letztlich muss die andere Seite es erst einmal besser machen oder gemacht haben. Entsprechend muss man an dieser Stelle dann doch ein wenig schauspielern, auch wenn man sich nicht danach fühlt. Hierbei helfen die vorformulierte Sätze, in denen man die eigene Rechtsposition nochmals zusammenfasst und sich bei dem Gericht für seine Aufmerksamkeit bedankt.

#### ee) Phase 5: Die sich an die Plädoyers anschließenden Erwiderungen (Rebuttal/Surrebuttal) bzw. die offene Diskussion

Die letzten Minuten der Verhandlung stellen die Teilnehmer erneut vor eine große Herausforderung. Das Gericht kann je nach Wahl einen nochmaligen Erwiderungsdurchgang vorsehen, in dem beide Parteien die Chance bekommen, die Darstellung der Gegenseite im Plädoyer anzugreifen, oder eine offene Diskussion einleiten.

Soweit das Gericht ersteren Weg wählt (Replik/Duplik-Situation, im Englischen als *Rebuttal/Surrebuttal* bezeichnet) haben die Teilnehmer die Möglichkeit, eine vorbereitete Kurzstellungnahme abzugeben, die noch während des Plädoyers der Gegenseite um besonders anzusprechende Aspekte ergänzt werden kann. Speziell die Seite, die als erste plädiert hat, bekommt so die Gelegenheit, Gegenargumente zu entkräften und die eigenen Kernaussagen zu betonen. Hier besteht die Kunst darin, ganz selektiv die drei bis vier ganz wesentlichen Argumente anzusprechen und damit einen letzten sehr guten Eindruck zu hinterlassen. Die insoweit zur Verfügung gestellte Zeit kann zwischen den Teammitgliedern aufgeteilt werden. Da es sich immer nur um ganz wenige Minuten handelt, muss man noch mehr als beim Plädoyer darauf achten, die Zeit einzuhalten, damit auch der Partner noch zu Wort kommen kann.

Soweit es auf eine spontane Diskussion hinausläuft, wird man sich kaum vorbereiten können. Insoweit ist es wichtig, die eigenen Kernargumente verinnerlicht und die gegnerischen Argumente verstanden zu haben. Auf dieser Basis wird es dann auch gelingen, in der Diskussion eine starke Position zu präsentieren und die eigenen Argumente gut zu verteidigen.

Es geht also um Flexibilität, wobei man sagen darf, dass es den Teilnehmern bewusst sein sollte, dass kaum ein Richter die jeweiligen Positionen so klar vor Augen haben wird wie die Teilnehmer, die sich mindestens eine ganze Woche mit den Fragen befasst haben. Dies relativiert die Herausforderung dann doch ein wenig.

Mitunter stellen Gerichte auch die Frage nach einer Vergleichsmöglichkeit, d.h. einer Beilegung des Verfahrens auf Basis gegenseitiger Zugeständnisse beider Seiten. In diesen Fällen geht es wesentlich darum, zu betonen, dass man auf Basis seiner dargestellten, starken Rechtsposition eigentlich wenig Spielraum für eine solche Regelung sieht, sich aber gleichwohl im Sinne einer zeitnahen Beilegung der Streitigkeit (oder im Sinne der bestehenden Geschäftsbeziehung etc.) einer einvernehmlichen Lösung nicht gänzlich verweigern möchte. Da für ein Feilschen um Zahlen kaum die Zeit sein wird, sollte damit alles gesagt sein.

### c) Formulierungshilfen komprimiert erfasst

Wenngleich viele der nachfolgenden Formulierungsvorschläge bereits als Orientierungshilfen im vorangegangenen Kapitel genannt wurden, sollen sie hier im Sinne einer schnellen Orientierung nochmals komprimiert vorgestellt werden. Dabei ist anzumerken, dass es sich lediglich um Anregungen handelt, die den Teilnehmern als Hilfestellung dienen soll. Für den Wettbewerb ist es sicherlich sinnvoll, die Vorschläge im Sinne der Authentizität der eigenen Ausdrucksweise anzupassen. Auch werden die Wettbewerbsrichter dankbar sein, wenn sie an einem Abend nicht wie in juristischen Gutachten immer wieder identische Formulierungen hören müssen.

**Einstieg (Anrede, Begrüßung, Selbstvorstellung und Vorstellung des Teammitglieds):**

„Herr Vorsitzender, Hohes Gericht, mein Name ist... und gemeinsam mit meiner Kollegin/meinem Kollegen... vertrete ich die Klägerin."

**Dem Vortrag eine erste Struktur geben:**

„Ich werde nun zunächst zur Frage der von meiner Mandantin geltend gemachten Klage auf Zahlung eines Schadensersatzes eingehen. Mein Kollege/meine Kollegin... wird sodann die Frage der Widerklage erörtern."

**Zeitangabe:**

„Hinsichtlich der Redezeit darf ich für mein Plädoyer 7 und für das Plädoyer meiner Kollegin 9 Minuten anzeigen."

„Hinsichtlich der Redezeit werde ich 9 und mein Kollege 7 Minuten in Anspruch nehmen."

**Detailliertes Führen des Zuhörers, der ja keine Schriftsätze vor sich hat (Auflisten etwaiger Voraussetzungen, wie beim Gutachtenstil):**

„Ich werde zunächst auf die Frage des Abschlusses eines Gefälligkeitsvertrages eingehen und sodann das Problem einer möglichen Kündigung erörtern."

„Ich beginne mit der Frage des..."

**Beziehung zum Gericht aufbauen, zu Fragen einladen:**

„Soweit Sie keine (weiteren) Fragen haben sollten (kurze Pause), würde ich jetzt zum nächsten Gliederungspunkt, der Frage des... übergehen."

**Aufbau der Argumentation (Ergebnis vorweg, Begründung, Übergang zum nächsten Anspruch):**

„Der Anspruch ergibt sich aus"/„Der geltend gemachte Anspruch ist nicht begründet"

„Das Tatbestandsmerkmal des... als gegeben anzusehen, lässt sich wie folgt begründen..."

„Dies erklärt sich damit, dass..."

„Die Gründe hierfür lassen sich wie folgt darlegen..."

„Sollte das Gericht dieser Rechtsauffassung nicht folgen, so ergibt sich der Anspruch doch jedenfalls aus..."

„Weiter ergibt sich der geltend gemachte Anspruch aus..."

### Bezugnahme auf Autoritäten:

„Diese Sichtweise wird sowohl von der Rechtsprechung als auch in der Literatur bestätigt. So hat der BGH..."

„Der BGH hat insoweit bereits im 7. Band in einer Grundsatzentscheidung hervorgehoben/entschieden/betont..."

„In diesem Sinne hat der BGH bereits im 7. Band im Jahre .... geurteilt, ..."

„Darf ich in diesem Zusammenhang xy zitieren, die zu dieser Frage wie folgt ausführt..."

„So liest man es recht deutlich bei..."

### Übergang von der abstrakten rechtlichen Diskussion zur Subsumtion verdeutlichen:

„Übertragen auf die Fakten des Falles kommen wir somit zum Ergebnis, dass..."

### Den gegnerischen Standpunkt ansprechen:

„Wie die Gegenseite (alternativ: der Kläger, die Beklagte) zu Unrecht anmerkt, ..."

„Entgegen der Argumentation der Gegenseite...." etc.

„Soweit die Gegenseite einwendet, ihr sei zu keinem Zeitpunkt deutlich geworden, eine Verpflichtung einzugehen, kann Folgendes gesagt werden..."

### Die Fakten sind auf Ihrer Seite:

„Lassen Sie mich insoweit nochmals die Fakten in Erinnerung rufen, diese sprechen für sich."

## Rhetorische Floskeln:

„Ergänzend sei noch angemerkt…"

„Darf ich in diesem Zusammenhang zu bedenken geben…"

„Können wir in der Tat wirklich davon ausgehen, …"

„Dies erscheint bereits im Hinblick auf … nicht überzeugend"

## Bei kritischen Fragen der Richter: Nie offen widersprechen, Widerspruch anders verpacken:

„Herzlichen Dank, (Herr Vorsitzender,) dies ist ein sehr wichtiger Aspekt, der mir die Gelegenheit gibt, unsere Position in dieser Frage deutlich zu machen/etwas eingehender anzusprechen."

„Herzlichen Dank, (Herr Vorsitzender,) Ihre Frage gibt mir Gelegenheit zu einer wichtigen Klarstellung…"

„Herzlichen Dank, (Herr Vorsitzender,) in diesem Punkt habe ich mich wohl missverständlich ausgedrückt und freue mich dies nun klarstellen zu können."

„Herzlichen Dank, (Herr Vorsitzender,) ich kann Ihnen in diesem Punkt nur insoweit folgen, als… Was hingegen die Frage der… betrifft, muss ich für meine Mandantin betonen…"

„Herzlichen Dank (Herr Vorsitzender), Sie haben mit Ihrem Einwand natürlich recht/das ist natürlich völlig richtig und doch glaube ich, dass/ und doch dürfen wir nicht vergessen…"

## Um Zeit zum Nachdenken über eine mögliche Antwort zu gewinnen:

„Eine gute Frage, das ist natürlich sehr überlegenswert."

## Antworten sollten sogleich gegeben werden, allenfalls zur größten Not kann man nach hinten verweisen:

„Vielen Dank für die Frage, (Herr Vorsitzender,) dürfte ich nur schnell meine Ausführungen zu diesem Punkt zu Ende bringen, Ihre Frage betrifft dann sogleich den nächsten Punkt?"

„Ich würde diese Frage gerne später ansprechen, wenn Ihnen dies recht wäre?"

**Wenn Fragen nicht verstanden wurden, kann man zur Not erwidern:**

„Ich bin nicht sicher, dass ich recht verstanden habe, worauf Sie hinauswollen; könnten Sie die Frage präzisieren?"

„Verzeihen Sie, (Herr Vorsitzender,) aber ich bin mir nicht so ganz sicher, worauf Sie hinaus wollen. Zielen Sie in Richtung..."

**Überleitungen mit Gelegenheit, Nachfragen zu stellen:**

„Soweit zu diesem Themenkomplex keine Fragen mehr bestehen, würde ich dann gerne zum Problem der Kündigung übergehen."

**Zusammenfassung (ein guter Abgang ist wichtig, er rundet den Vortrag ab):**

„So darf ich abschließend unsere Position nochmals wie folgt zusammenfassen..."

„Zusammenfassend kann also festgehalten werden, dass aus unserer Sicht..."

**Zeitnot:**

„Wie ich sehe, verbleibt mir nur noch wenig Zeit, ich möchte daher in der gebotenen Kürze noch den Aspekt der... ansprechen."

„Wie ich sehe ist meine Zeit abgelaufen, darf ich nur noch kurz unseren Antrag zusammenfassen?"

**Abschluss:**

„Und so kann ich abschließend nur nochmals betonen, dass... und beantrage entsprechend, den Beklagten zu verurteilen, an den Kläger... zu zahlen/die Klage abzuweisen. Hinsichtlich der Widerklage wird Klageabweisung beantragt/wird beantragt, diese abzuweisen."

**Beendigung der Rede:**

„Dann danke ich Ihnen sehr herzlich für Ihre Aufmerksamkeit."

„Meine Kollegin wird dann mit dem Problem der... fortfahren."

## V. Gestaltung des Trainings

Im Rahmen des individuellen Trainings mit den einzelnen Teams können die zunächst nur passiv erlernten Kenntnisse zu Argumentationstechnik und Rhetorik ausgetestet werden. Die Funktion des Betreuers ist es trotz des stets gebotenen Lobs den Teilnehmern nicht Sand in die Augen zu streuen. Verbesserungspotential sollte angesprochen werden. Hier darf der Teilnehmer auch nicht im Unklaren darüber gelassen werden, was genau zu verändern ist. Die Besprechung sollte systematisch alle Aspekte des Trainings einbeziehen, damit deutlich wird, in welcher Hinsicht die Teilnehmer schon auf dem richtigen Weg sind.

Anders als bei internationalen Moot Court-Wettbewerben, bei denen man sich in zahlreichen Probesitzungen über Wochen hinweg auf das mündliche Verfahren vorbereitet, können die Betreuer die möglichen Verhaltensweisen der Wettbewerbsrichter nur sehr eingeschränkt trainieren. Es ist aber auch nicht Aufgabe der gewählten Moot Court-Konzeption die Teilnehmer mit jedem möglichen, noch so sonderlichen teilweise auch gespielten Verhalten zu konfrontieren. Die Wettbewerbsrichterin, die sie nicht ansieht und so den Versuch der Kontaktaufnahme von Anfang an unmöglich macht oder der Wettbewerbsrichter, der einschläft, kommen bei diesen Moot Court nicht vor, anders als etwa die Richterin, die durch zahlreiche Fragen den Redner immer wieder auf seine Flexibilität und freie Argumentationsfähigkeit testet und aus dem Konzept bringt. Dies ist beim Training entsprechend zu berücksichtigen.

Die Erfahrung hat gezeigt, dass eine Videoanalyse im Anschluss an die gefilmten Vorträge deutlich mehr Erkenntnisse fördert als eine bloße Besprechung. Anhand der jeweiligen Sequenzen lassen sich die positiven wie verbesserungswürdigen Aspekte besonders gut aufzeigen. Auch fallen den Betreuern in einem zweiten Durchlauf Aspekte auf, die zunächst nicht wahrgenommen wurden. Das Feedback seitens der Studierenden im Hinblick auf die Videoanalysen ist durchweg positiv. Auch zeigt sich, dass manche Besonderheiten im Vortrag nach dem Studium der Aufzeichnung nicht mehr auftreten, so dass tatsächlich eine nachhaltige Verbesserung eintritt.

Auch wenn die Trainingsräumlichkeiten natürlich kaum mit denen des Wettbewerbs vergleichbar sein werden, sollte doch versucht werden, eine entsprechende Atmosphäre zu schaffen. Dies beginnt damit, dass das Team auf der Seite Platz nimmt, die ihm auch im Wettbewerb zugeordnet sein wird. Soweit als möglich sollte auch das Pult von Art und Höhe mit dem Ernstfall vergleichbar sein. Die Teilnehmer sollen sich in die Situation im Wettbewerb hineinfühlen können, damit sie sich dort dann auf das Wesentliche konzentrieren können und nicht von Äußerlichkeiten abgelenkt werden.

## VI. Gewinnung und Anleitung der Wettbewerbsrichter

Wenngleich die Wettbewerbsrichter, die zumeist als Praktiker über hinreichende Erfahrung verfügen, natürlich nicht in der Weise in den Wettbewerb eingeführt werden müssen, wie dies bei den Teilnehmern der Fall ist, so gilt es doch einige wenige Aspekte klar zu machen.

Zunächst sind die Wettbewerbsrichter vorab mit dem Reglement des Wettbewerbs vertraut zu machen. Es beschreibt viele der wesentlichen Abläufe und zeichnet damit ein erstes Bild des Wettbewerbs und der den Richtern zugedachten Rolle.

Weiter sollte den Richter die oben beschriebenen Besonderheiten des Moot Court-Verfahrens im Vergleich zu realen Gerichtsverfahren erläutert werden. Für die diesbezüglichen Erklärungen zu dem Plädieren vom Pult aus, der Zeitnahme, der optischen Gestaltung des Gerichtssaals mit Namensschilder und Getränken sowie der Konsequenzen, die sich hinsichtlich der Erwartungen an das Plädoyer aus dem Verzicht auf Schriftsätze ergibt (klar gegliederter Vortrag, dem der Zuhörer leicht zu folgen vermag etc.), ist dann doch eine kurze Besprechung vor Beginn des Wettbewerbs indiziert. Dabei sollen auch nochmals die Bewertungskriterien Erörterung finden, damit das Gericht sich nicht aus Versehen bei seiner Entscheidung an dem wohl wahrscheinlichen Ausgang des Verfahrens vor einem echten Gericht orientiert. Insbesondere ist auch darauf hinzuweisen, dass der Begründung des Ergebnisses eine besondere Bedeutung zukommt. Die Entscheidung sollte zum einen nachvollziehbar sein, zum anderen sollte sie auch Hinweise dazu umfassen, was dem Gericht an beiden Teams gut bzw. weniger gut gefallen hat.

Viele dieser Aspekte können auch nochmals eingehend in einer speziellen, kurz gehaltenen Anleitung für Richter zusammengefasst werden.

Weiter sollte den Richtern vor Beginn der Verfahrensrunde eine Anregung hinsichtlich einer sinnvollen Reihenfolge der Plädoyers gegeben werden. Je nach Gestaltung des Falles, etwa mit Klage und Widerklage, kann es sinnvoll sein, nach dem klägerischen Vorbringen zunächst eine Erwiderung der Beklagten zu hören, bevor diese dann ihre Widerklage vortragen, die dann durch die Kläger erwidert wird. Zwar verlässt man hier den klassischen Ablauf, der zunächst einen kompletten Vortrag der Klägerseite gefolgt von einem solchen der Beklagtenseite vorsieht. Dies ist aber aus Gründen der Praktikabilität gerechtfertigt. Im Übrigen sollte deutlich werden, dass die Verhandlungsführung allein dem Gericht obliegt, das insoweit frei auch von den Vorstellungen der Organisatoren agieren darf.

Im Rahmen der kurzen Besprechung vor der Verfahrensrunden sollten den Wettbewerbsrichtern nochmals Esprit und Ziel des Wettbewerbs in Erinnerung gerufen werden. Natürlich sind sie in der Gestaltung des Verfahrens gänzlich frei, können schweigend zuhören oder die Teams mit einer Vielzahl von Fragen überziehen, sollten jedenfalls aber immer auch den pädagogischen Zweck der Veranstaltung im Auge behalten. Der Moot Court sollte auch für Teams, die sich in einer Runde nicht durchsetzen, nicht zum Negativerlebnis werden. Daher ist neben der Verhandlungsführung die anschließende Entscheidungsbegründung ganz zentral.

## VII. Anreize für eine Teilnahme

Einleitend ist bereits deutlich geworden, dass es im ureigenen Interesse eines jeden Studierenden liegen sollte, an einem Moot Court-Wettbewerb teilzunehmen. Die Erfahrung, die der Teilnehmer in einem solchen Wettbewerb machen kann, wird die Erkenntnisse jeder anderen universitären Lehrveranstaltung bei weitem in den Schatten stellen. Vor diesem Hintergrund stellt sich die Frage, inwieweit dem Teilnehmer dann, über den obligatorischen Schlüsselqualifikationsschein hinaus, noch weitere Anreize in Form von Urkunden oder Preisen geboten werden müssen. In der Tat erscheinen überzogenen Preise und gar umfängliche Geldgeschenke, mit denen an manchen Universitäten operiert wird, gänzlich unangebracht. Die solide und zugleich sehr individuelle Ausbildung, die oben im Kapitel zur Anleitung der Teilnehmer beschrieben wird, sollte einen hinreichenden Anreiz zur Teilnahme bieten. Da Preise aber nun einmal zu einem Wettbewerb dazugehören und es auch belohnenswert erscheint, dass die Teilnehmer sich aus dem Kreis der Kommilitonen, die lediglich das Standardprogramm absolvieren, gelöst haben, sollten zur Urkundenverleihung im Finale auch kleine Preise für jeden der Teilnehmer zur Verfügung stehen. Auch die zu ehren, die womöglich bereits in der ersten Runde aus dem Wettbewerb ausgeschiedenen sind, rechtfertigt sich allein schon damit, dass bei einem Kreis sehr motivierter Studierender, die streng nach dem K.o.-System gegeneinander antreten, viele Talente schon frühzeitig ihren Hut nehmen müssen. Die Erfahrung des Wettbewerbs hat gezeigt, dass es oft Kleinigkeiten waren, die über Sieg und Niederlage entscheiden haben. Dem gilt es gerecht zu werden. Angemessen erscheinen Buchgeschenke, wobei etwa auch durch die Dozenten der eigenen Fakultät verfasste und von diesen gewidmete Lehrbücher einen besonders schönen Preis darstellen. Lokale Buchhandlungen und auch Buchverlage sind nicht selten bereit, zu diesem Zweck auch entsprechende Bücherspenden bereitzustellen.

## VIII. Ressourcen

Auch wenn die Frage der Ressourcen hier erst am Ende der Besprechung des inneruniversitären Moot Courts gestellt wird, ist sie doch nicht unbeachtlich. Eine gewillte Fakultät sollte, etwa in Kooperation mit der Fachschaft oder anderen Partnern, in der Lage sein, die nötigen Ressourcen zu organisieren. Gebraucht wird jemand, der vier Fälle entwirft, die den Moot Court Anforderungen möglichst gerecht werden. Weiter braucht es eines Koordinators, der die Räumlichkeiten für die vier Runden sowie die erforderliche Anzahl an Wettbewerbsrichtern organisiert und auch die Teilnehmer erfasst. Für das Training bedarf es nicht zwingend eines Rhetorik-Trainers, ein Moot Court-erfahrener Mitarbeiter sollte unter Rückgriff auf die Hilfestellungen in diesem Buch problemlos in der Lage sein, sowohl das allgemeine wie auch das individuelle Training zu organisieren. Vereint man all dies in einer Person sollte eine halbe Mitarbeiterstelle ausreichen, unterstützt von ein bis zwei Hilfskräften, die auch insbesondere während der Durchführung der Moot Courts zum Einsatz kommen (Aufbau, Abbau, Zeitnahme in Wettbewerb, Unterstützung bei den Probepleadings etc.). Dabei muss allen Beteiligten klar sein, dass es bei der Betreuung der Studierenden und Durchführung des Wettbewerbs Stoßzeiten gibt, während derer sich auch Überstunden anhäufen können. Diese können aber nach Abschluss des Wettbewerbs problemlos abgebaut werden. Der freiwillige Einsatz engagierter Studierender und Mitarbeiter kann aber auch Personalkosten kompensieren. Hier würde sich dann allerdings die Frage einer Verstetigung stellen.

Die benötigten finanziellen Ressourcen sind vergleichsweise gering. Wenn man bei der Auswahl der Preise wie im vorstehenden Abschnitt vorgeschlagen einen bescheidenen Ansatz wählt, dürften sich die Gesamtkosten inkl. Ausstattung für Gerichtsräume (Getränke, Namensschilder) Preisen, Richtergeschenken und einem Catering anlässlich der Preisverleihung auf ca. 1500,- € belaufen.

## C. Der internationale Moot Court-Wettbewerb

### I. Die besondere Herausforderung eines internationalen Moot Courts

Nachdem sich der erste Teil mit den fakultätsinternen Moot Court-Wettbewerben beschäftige, soll nunmehr ein Blick auf länderübergreifende Gerichtswettbewerbe geworfen werden. Beide Wettbewerbsformen ähneln sich darin, dass die Studierenden in die Anwaltsrolle schlüpfen, um in einem fiktiven Fall die Interessen ihrer Partei in einer mündlichen Verhandlungssimulation zu vertreten.

Erste Besonderheit und zugleich wohl die größte Herausforderung für deutsche Studierende ist, dass der internationale Wettbewerb in der Regel in einer Fremdsprache – zumeist Englisch, seltener auch Französisch und mitunter gar beides – durchgeführt wird. Dies bedeutet, dass alle schriftlichen und mündlichen Ausführungen in einer Fremdsprache auszuarbeiten und vorzutragen sind.

Eigentlich keiner Erwähnung bedarf zudem, dass der Teilnehmerkreis eines internationalen Moot Court-Wettbewerbs sich nicht auf Teams deutscher Universitäten beschränkt, sondern je nach Renommee des Wettbewerbs auch einmal deutlich mehr als 200 Teams aus über 60 Ländern der Welt anziehen kann. Die diesen internationalen Moot Court-Wettbewerben zugrunde liegenden Fälle sind zum Großteil sehr umfangreich und komplex und erreichen mitunter einen Umfang von 20-30 Seiten. Ebenso wie bei fakultätsinternen Moot Courts wird bei der Erstellung des Falles sehr darauf geachtet, dass sowohl dem Kläger (Claimant) als auch dem Beklagten (Respondent) ausreichend rechtliche und tatsächliche Argumente zur Verfügung stehen, um eine ausgeglichene und ergebnisoffene Diskussion sicherzustellen. Oftmals wird man bei der Erarbeitung des Falles sogar feststellen, dass die eine Seite vor allem den Buchstaben des Rechts auf ihrer Seite weiß, die andere Partei hingegen überzeugende Gerechtigkeits- und Moralerwägungen zu Felde führen kann. In solchen Fällen ist es besonders spannend zu beobachten, wie erfolgreich sich die Moot Court-Teilnehmer mit der zu vertretenden Position identifizieren und sich alternativ als Rechtspositivisten oder -naturalisten gerieren. An dieser Stelle sei erneut betont, dass es bei der Bewertung der schriftlichen und mündlichen Leistung nicht darauf ankommen wird, die vermeintlich „richtige" rechtliche Lösung gefunden zu haben, sondern darauf, wie überzeugend die eigene Position argumentativ untermauert und vertreten wurde.

## II. Im Vorfeld des Moot Court-Wettbewerbs

### 1. Gründe für die Teilnahme an einem internationalen Moot Court-Wettbewerb

Gründe für die Teilnahme an einem internationalen Moot Court-Wettbewerb zusätzlich und über die universitätsinternen Wettbewerbe hinaus gibt es viele. Die große Chance einer internationalen Moot Court-Teilnahme besteht zunächst darin, in einem Teilgebiet des Rechts einmal ganz tief zu graben und so ein Verständnis für die Wirkungsweise, Strukturen und Wertungen dieses Rechtsbereiches und des Rechts schlechthin zu gewinnen. Hinzu kommt, dass man vor dem Hintergrund der oft sehr umfänglichen Sachverhalte dieser Wettbewerbe eine Fähigkeit zum komplexen juristischen Denken erlangt, die einem in jedem anderen Rechtsbereich dienlich sein wird. Gleiches gilt für die Fähigkeit, in Rechtspositionen zu denken, sich in andere Rechtspositionen hineinzuversetzen und Argumente der Gegenseite zu antizipieren. Auch hinsichtlich dieser Fähigkeit, die jenseits des Rechts in allen Bereichen des Lebens eine Rolle spielt, schulen die internationalen Moot Court-Wettbewerbe deutlich nachhaltiger als kleinere Wettbewerbe oder Übungen.

Weiter fordern diese Wettbewerbe neben dem mündlichen Vortrag auch die Vorlage von Schriftsätzen, deren Erstellung bereits für sich genommen eine Kunst ist. Es gilt den begrenzten Raum zur Ausführung der Rechtsansichten optimal zu nutzen, so dass die Teilnehmer gefordert sind, gut abzuwägen, welche Kernthesen und Schlüsselargumente aufgenommen werden und welche Aspekte allenfalls (in den Fußnoten) eine Andeutung erfahren. Auch dies ist ein schwieriger Lernprozess, den es zu meistern gilt. Hinzu kommt die Vorbereitung auf die mündliche Präsentation, die die Teilnehmer nicht nur in die Räumlichkeiten mancher Kanzlei bringt und ihnen damit den so wertvollen Kontakt mit der Praxis beschert. Die Vielzahl der Probesitzungen geben den Teilnehmern eine Routine und Sicherheit bei öffentlichen Auftritten, von der sie ihr Leben lang – zunächst natürlich in mündlichen Prüfungssituationen – profitieren werden.

Hinzu kommt natürlich auch die wichtige sprachliche Komponente dieser Wettbewerbe, da sie ein Plädieren in einer Fremdsprache fordern. Nicht zu unterschätzen ist weiterhin der Teamaspekt. Die Wettbewerbsvorbereitungen fordern von den Teilnehmern ein Höchstmaß an Teamfähigkeit, da es gilt, gemeinsam Krisen- und Stresssituationen (Abgabe der Schriftsätze, Probesitzungen, Vorträge beim Wettbewerb) durchzustehen und daraus gestärkt hervorzugehen. Für die, die einen solchen Moot Court-Wettbewerb mitgemacht haben, gilt die deutliche Vermutung großer Teamfähigkeit und Belastbarkeit.

Dies sind im Wesentlichen auch die Gründe, warum die Moot Court-Teilnahme eines Bewerbers in den Kanzleien sehr gerne gesehen wird und dies gänzlich unabhängig davon, um welchen Rechtsbereich es dabei ging.

Neben all diesen Aspekten sollte aber vor allem eines nicht vergessen werden. Neben der Erlangung juristischer Fähigkeiten und Kenntnisse solle es dem Studierenden im Studium besonders auch darum gehen, ein Profil zu erlangen. Die Zahl der Juristen mit guten Examina, die gleichzeitig noch schnell studiert haben, ist beträchtlich. Nur wenige werden aber mehr vorzuweisen haben, als gute Noten und eine niedrige Semesterzahl. Wer sich aus der Herde löst und über ein Auslandsstudium oder die Teilnahme an einem internationalen Moot Court ein besonderes Engagement zeigt, wird dies nicht nur als große persönliche Bereicherung sehen, er wird auch in seiner beruflichen Zukunft sehr davon profitieren. Nicht selten werden die angesprochenen Erfahrungen die Eintrittskarten für den angestrebten beruflichen Werdegang und dies auch dann, wenn man in einem der Examina Pech hatte oder ein wenig länger bis zum Volljuristen brauchte. Und ganz nebenbei tragen sie dazu bei, das Studium zu dem zu machen, was es sein sollte: Ein echtes Erlebnis.

Vor diesem Hintergrund ist es in gewisser Weise gleich, für welchen internationalen Moot Court-Wettbewerb sich der einzelne entschiedet. Sollte man die Chance zu einer Teilnahme an einem Moot Court bekommen, dessen Thema einem scheinbar nicht so sehr liegt, heißt es trotzdem zuzugreifen. Wichtig ist bei der Entscheidung allenfalls noch die Frage, nach der vorhandenen Infrastruktur für den Moot Court. Natürlich können sich Teams auch ohne betreuenden Lehrstuhl, Arbeitsräume und eine vorhandene finanzielle Unterstützung um die Teilnahme an einem Moot Court-Wettbewerb bemühen. Der Weg ist jedoch deutlich steiniger und von Unsicherheiten geprägt (kann man die Sponsorengelder einwerben, die man für Reisekosten etc. braucht?), die einem die Freude an der Vorbereitung verleiden können, einmal abgesehen von der nicht unerheblichen Zeit, die es hier einzusetzen gilt.

Soweit ordentliche Angebote seitens der Universität gemacht werden, sollte ein etwaig vorhandenes Auswahlverfahren einen nicht von einer Bewerbung abhalten.

## 2. Die Auswahl der Teammitglieder

Der erste Schritt zum Aufbau eines Moot Court-Teams ist naturgemäß die Auswahl der Teilnehmer. Die zugrundeliegenden Auswahlprozesse unterscheiden sich von Universität zu Universität. Generell sollte man sich verdeutlichen, dass die Betreuung, die den Teammitgliedern im Rahmen des Wettbewerbs zu Teil wird, einer Elitenförderung gleichkommt. Entsprechend sind in der Regel die Zulassungsschranken ausgestaltet. Zumindest ein Gespräch mit dem späteren Betreuer und/oder dem verantwortlichen Professor gehört wohl überall zum guten Ton. Kriterien der Auswahlentscheidung sind u.a. die bereits erbrachten Studienleistungen, praktische Erfahrung, besondere Sprachkenntnisse (im besten Falle nachgewiesen durch einen längeren Aufenthalt im Ausland), etwaig vorhandenes außercurriculares Engagement sowie natürlich die eigene Motivation, welche regelmäßig im Anschreiben darzulegen und im Bewerbungsgespräch näher zu erläutern ist.

Universitäten, die mit besonders hohen Bewerberzahlen gesegnet sind, gehen hierüber aber gerne hinaus: Mitunter wird von den Bewerbern zusätzlich verlangt, im Vorfeld des Gesprächs einen Kurzvortrag vorzubereiten und anschließend zu halten. Des Weiteren mag beispielsweise die vorherige Teilnahme an einem fakultätsinternen Moot Court oder der vorausgegangene Besuch bestimmter Vorlesungen vorausgesetzt werden. Bislang nur aus dem Ausland bekannt ist die Variante, dass interessierte Studierende im Vorfeld eine reguläre Seminarveranstaltung belegen müssen, in deren Rahmen Basiswissen vermittelt wird und ein interner Moot Court-Wettbewerb stattfindet. Nur die erfolgreichsten Studierenden qualifizieren sich hierdurch automatisch zur Teilnahme am internationalen Wettbewerb.

In Deutschland noch nicht sonderlich verbreitet, im angloamerikanischen Raum jedoch bereits sehr erfolgreich praktiziert, ist die Einbindung von Graduierten-(LL.M.)-Studenten in die Moot Court-Teams. Diese bereichern Teams nicht nur durch ein bereits abgeschlossenes Studium der Rechtswissenschaften, sondern regelmäßig auch mit fachlichen Vorkenntnissen, besonderen Sprachkenntnissen, und nicht zuletzt einem professionellen Arbeitsethos. Womöglich bietet sich somit eine Mischung aus „normalen“ und Graduierten-Studenten an, um bestmögliche Ergebnisse zu erzielen.

Idealerweise sollte das Team aus vier Teilnehmern bestehen, um eine ausgewogene Arbeitsverteilung und eine adäquate Teamdynamik zu erreichen. Eine Teilnahme mit drei Studenten erscheint möglich, erhöht den schriftlichen und mündlichen Arbeitsaufwand der Teilnehmer aber signifikant. Mitunter trifft man auch Teams mit fünf oder sechs Studenten an. Letzteres bietet sich vor allem an, wenn man den Konkurrenzkampf innerhalb des Teams fördern will, indem man als Losung ausgibt, dass nur die vier Besten im späteren Wettbewerb mündlich in Erscheinung treten. Vor allem US-amerikanische Teams nutzen auch eine Teamstruktur, in der von vornherein klar ist, dass einige Mitglieder lediglich Zuarbeiteraufgaben im Rahmen der Schriftsatzformulierung übernehmen, während nur die Übrigen aktiv im mündlichen Teil des Wettbewerbs antreten. Diese Variante dürfte jedoch auf Akzeptanzprobleme bei deutschen Studierenden stoßen, die (im Gegensatz zu US-Studenten) regelmäßig ein Freisemester für die Teilnahme am Wettbewerb beantragen können und dementsprechend die Möglichkeit, aber auch den Anspruch und Ehrgeiz, haben, am gesamten Moot Court teilzunehmen.

### 3. Die Rolle der Teilnehmer als Teil eines Moot Court-Teams

Hat man den Auswahlprozess erfolgreich überstanden, gehört man damit einem zwei- bis sechsköpfigen Moot Court-Team an, das zunächst die eigene Universität, in der Perspektive aber auch das

Heimatland, international vertritt. Zudem erhält nur ein verschwindend geringer Anteil aller Studierenden die Möglichkeit an einem Moot Court-Wettbewerb teilzunehmen. Das Verhalten im Team und nach außen sollte auf diese Anforderungen abgestimmt werden.

Leider ist die deutsche juristische Ausbildung bislang nur unzureichend darauf angelegt, den Studierenden Erfahrungen in erfolgreicher Teamarbeit zu vermitteln. Der 11. Studierendensurvey des Bundesbildungsministeriums belegt, dass überhaupt nur 2% der Studierenden der Auffassung sind, dass das Jurastudium Teamfähigkeit vermittelt. Dies ist umso bedauerlicher, als dass diese Fähigkeit heutzutage von hoher Praxisrelevanz ist. Die Teilnahme an einem internationalen Moot Court-Wettbewerb ist somit eine exzellente Gelegenheit, erste Erfahrungen in diesem Bereich zu erlangen und sich damit für spätere Arbeitgeber zu empfehlen. Denn ganz ähnlich wie in modernen Arbeitsprozessen auch ist in einem Moot Court-Wettbewerb ein komplexes Rechtsproblem in Teamarbeit und unter Zeitdruck der bestmöglichen Lösung zuzuführen.

Diesen Anforderungen entsprechend sollten sich die Teammitglieder untereinander verhalten. Nur ganz selten wird es sich bei den Teammitgliedern um eine Gruppe von Freunden handeln, die sich zu einer gemeinsamen Teilnahme entschlossen haben. Weitaus häufiger werden sich die Teammitglieder noch nicht persönlich kennen. Im besten Falle ergeben sich in dieser Situation Freundschaften, die über den jeweiligen Lebensabschnitt hinaus andauern. Im schlimmsten Fall stellt man fest, dass einen so gar nichts mit den anderen Teilnehmern verbindet. In allen Fällen aber liegt der Schlüssel zu einer erfolgreichen Zusammenarbeit im professionellen Umgang miteinander. Wie im Arbeitsleben auch muss nicht jeder mit jedem befreundet sein. Genauso wenig darf aber Abneigung offen zur Schau gestellt werden. Prallen unterschiedlich stark ausgeprägter Arbeitseifer oder unterschiedliche Meinungen im Einzelfall zu heftig aufeinander, sollte eine Vermittlung durch den Betreuer angestrebt werden. In jedem Fall sollten sich die Teilnehmer stets das gemeinsame Ziel vor Augen führen, für welches alle an einem Strang ziehen müssen.

## 4. Die Rolle des Moot Court-Betreuers

Die Rolle des Betreuers des Moot Court-Teams darf nicht unterschätzt werden, spielt er doch oftmals eine entscheidende Rolle für den Teamerfolg. Seine Aufgabe ist es, den Teilnehmern das rhetorische und stilistische Grundgerüst zu vermitteln, um erfolgreich im Wettbewerb bestehen zu können. Aufgrund der besonderen Anforderungen eines Moot Courts wird es sich daher in der Regel um einen ehemaligen Teilnehmer handeln, der nun seine Erfahrungen weitergibt.

Vertiefte Kenntnisse des materiellen Rechts muss der Betreuer grundsätzlich nicht mitbringen, obgleich dies häufig der Fall sein wird. Die einschlägigen Sachverhalte behandeln ohnehin regelmäßig Spezialprobleme, die eine Einarbeitung auf Seiten der Teilnehmer und des Betreuers erfordern. Zudem kann und soll es nicht die Aufgabe des Betreuers sein, selbst auf Literatursuche zu gehen, eigene Argumente einzubringen oder gar ganze Schriftsatzbausteine vorzuformulieren. Der Betreuer soll dem Team vielmehr als Ansprech- und Diskussionspartner zur Reflektion des angelesenen Wissens dienen. Des Weiteren hat der Betreuer die Aufgabe dem Team den typischen Schreibstil eines anwaltlichen Schriftsatzes beizubringen und das Team für den mündlichen Wettbewerbsteil zu trainieren. Neben der Freude am Umgang mit Menschen und einem gewissen Organisationsgeschick ist folglich eine sichere Beherrschung der englischen und – je nach Moot Court-Wettbewerb – teilweise auch der französischen Sprache in Wort und Schrift unabdingbare Voraussetzungen für diese Position.

Nicht unterschätzt werden darf auch die „persönliche" Komponente dieser Tätigkeit. Der Betreuer ist nicht nur erster Ansprechpartner in Rechtsfragen, sondern auch Vermittler bei Konflikten innerhalb des Teams, Motivationscoach bei etwaig vorhandener Antriebslosigkeit und nicht selten auch Kummerkasten bei privaten Problemen. Im Hinblick auf das oben angesprochene nicht unerhebliche Konfliktpotential, hat er es mithin in der Hand, die Stimmung innerhalb des Teams positiv oder negativ zu beeinflussen. Die angesprochene Fähigkeit zum Umgang mit Menschen ist daher unerlässliche Voraussetzung für diese Tätigkeit.

## III. Die Anfertigung der Schriftsätze

Die erste Aufgabe des neu formierten Moot Court-Teams wird die Anfertigung und Einreichung zweier Schriftsätze sein, die von der großen Mehrzahl der internationalen Wettbewerbe von den Teilnehmern im Vorfeld der mündlichen Verhandlungen verlangt wird.

Welche Form die Schriftsätze annehmen sollen, kann dabei variieren. In der Regel werden ausformulierte anwaltliche Schriftsätze inklusive Inhalts-, Literatur- und Abkürzungsverzeichnis gefordert. Seltener reicht eine kursorische Zusammenfassung der Argumentation in Form so genannter „*skeleton arguments*" aus.

Gleich welche Form sie letztlich annehmen, ihre sorgfältige Anfertigung ist von überragender Wichtigkeit für den weiteren Verlauf des Wettbewerbs und sollte daher nicht auf die leichte Schulter genommen werden. Die Ausarbeitungen sind nicht nur relevant für die separate Bewertung der schriftliche Leistung, sondern bilden gleichzeitig die Basis für die spätere mündliche Präsentation der Argumentation. Vor diesem Hintergrund kann nur davon abgeraten werden, lediglich ein Minimum an Zeit und Aufwand in die Schriftsätze zu stecken. Versäumnisse in der schriftlichen Phase können später mangels zur Verfügung stehender Zeit kaum noch korrigiert werden.

Einen ersten Einblick in die Anforderungen, die an einen erfolgreichen Schriftsatz gestellt werden, bieten Gewinnerschriftsätze aus vergangenen Wettbewerben, die von den Organisatoren oftmals online zugänglich gemacht werden. Jedenfalls die Schriftsätze der eigenen Vorgänger sollten noch an der Universität verfügbar sein und bieten einen guten ersten Orientierungspunkt.

### 1. Formale Anforderungen

An einen erfolgreichen Schriftsatz werden zunächst eine Reihe formaler Anforderungen gestellt. Die Einhaltung dieser Regeln stellt eine reine Fleißarbeit dar, so dass verlorene Punkte hier besonders ärgerlich und daher tunlichst zu vermeiden sind.

In der Regel enthält das Reglement des jeweiligen Wettbewerbs eine ausführliche Darstellung der genauen Anforderungen, denen die einzureichenden Schriftsätze genügen müssen. Dies beginnt mit konkreten Vorgaben hinsichtlich der einzuhaltenden Seitenabstände und Schriftgrößen, umfasst die korrekte Zitierweise in den Fußnoten sowie Richtlinien für die korrekte Erstellung von Gliederung, Literatur- und Abkürzungsverzeichnis.

Eine frühe Befassung mit diesen Anforderungen schont kurz vor Ablauf der Abgabefrist die Nerven aller Beteiligten und ist daher angezeigt. Eine überblicksartige Orientierung können hier auch erfolgreiche Schriftsätze aus vergangenen Jahren bieten. Mitunter mag es sogar möglich sein, die Dokumentenvorlage oder einzelne Formatbausteine zu übernehmen und so Arbeit und Zeit zu sparen.

Unterschiedlich gehandhabt wird, ob eine Person innerhalb des Teams für die Formatierung des Gesamtschriftsatzes zuständig ist, oder ob jeder für seinen eigenen Teil verantwortlich zeichnet. Erstere Alternative stellt ein einheitliches Format im Gesamtschriftsatz sicher, mag aber vor allem gegen Ende die Nerven des verantwortlichen Teammitglieds über Gebühr strapazieren, wenn sich nicht alle bei der Erstellung ihrer Schriftsatzbaustücke nach bestem Wissen an die Regeln halten. Ist jeder selbst für Formatierung, Fußnoten und Einpflegung der verwendeten Literatur ins Literaturverzeichnis zuständig, verteilt sich die Last gleichmäßig auf alle Schultern, jedoch besteht die Gefahr der versehentlichen Verwendung unterschiedlicher Format- und Zitierstile.

### 2. Inhaltliche Ausarbeitung

Die inhaltliche Anfertigung eines anwaltlichen Schriftsatzes ist eine Kunst für sich, die im Studium allenfalls untergeordnete Aufmerksamkeit erfährt. Dies bleibt nach wie vor unverständlich, da sich der Großteil der Studenten nachweislich später in Richtung anwaltliche Praxis orientiert (orientieren muss) und hierauf durch das Studium und leider auch das Referendariat nur unzureichend vorbereitet wird. Es steht zu hoffen, dass die zunehmende Bedeutung von Moot Court-Wettbewerben in der deutschen Ausbildung diese Lücke zu schließen vermag.

#### a) Die ersten Schritte

Am Anfang des Schreibprozesses sei den Teilnehmern ans Herz gelegt, sich sowohl den Gutachtenstil, wie er im Studium eingeübt wird, als auch eine allzu akademische Herangehensweise an Rechtsprobleme abzugewöhnen. Gilt es in Klausuren zum deutschen Recht grundsätzlich ein rechtliches Problem aufzuwerfen, dieses unter allen denkbaren Aspekten zu erörtern und sodann mit eigener Argumentation einer der aufgeworfenen Ansichten zu folgen, wird eine solche Bearbeitung in einem Moot Court-Wettbewerb in der Regel nicht zum erwünschten Erfolg führen. Vielmehr ist eine Erörterung in einer dem Urteilsstil sehr ähnlichen Form angebracht. Mit anderen Worten gilt es, das Ergebnis der Überlegungen voranzustellen und diese aufgeworfene Prämisse im Folgenden rechtlich und tatsächlich zu belegen. Hierbei sind grundsätzlich nicht alle vertretbaren Gesichtspunkte darzustellen, sondern lediglich diejenigen, die für die eigene Partei vorteilhaft erscheinen. Mitunter mag es dennoch angezeigt sein, nicht nur die eigene Position zu belegen, sondern auch gleichzeitig darzulegen, warum einer anderen Ansicht nicht zu folgen ist. In der Regel sollte man sich aber darauf konzentrieren, warum die eigene Ansicht vorzugswürdig ist anstelle sich auf die Schwäche der gegnerischen Auffassung zu konzentrieren.

Zunächst sollte das Bemühen um eine vorläufige Struktur des Schriftsatzes im Vordergrund stehen. Eine solche erleichtert nicht nur die Arbeitsaufteilung innerhalb des Teams, sondern bietet auch eine erste Orientierung für die Literatursuche. Hilfreich hierbei ist der oftmals vorhandene „*Request for Relief*“ der Parteien bzw. die etwaig im Sachverhalt vorhandene Gegenüberstellung der Parteiargumente. Stehen die regelmäßig vier bis sechs Themenkomplexe fest, können diese nach Zulässigkeit („*jurisdiction*“) und Begründetheit („*merits*“) aufgeteilt und zur Bearbeitung an die Teammitglieder verteilt werden. An dieser ersten Arbeitseinteilung wird sich im späteren Verlauf in der Regel nur noch in Ausnahmefällen etwas ändern.

Mitunter trifft man aber auch eine Arbeitsteilung an, die vorsieht, dass die zu bearbeitenden Themen unter den Teammitgliedern rotieren. Damit wird das Ziel verfolgt, dass sich jedes Teammitglied bereits in der schriftlichen Ausarbeitungsphase vertiefte Kenntnisse zu allen Problemen aneignen kann. Inwiefern sich der gewünschte Erfolg einstellt oder eine solche Rotation nicht doch eher zu einer vermeintlich oberflächlicheren Bearbeitung führt, ist schwer abzuschätzen. Unbestreitbar führt sie aber dazu, dass jedes Teammitglied mit jedem Themenbereich vertraut ist, welches sich positiv auf die Phase der mündlichen Vorbereitung auswirken dürfte.

### b) Literaturrecherche

Erste Anlaufpunkte für die Literaturrecherche sind naturgemäß (englischsprachige) Lehrbücher zum Rechtsbereich. Bei der Suche nach relevanten Stichpunkten werden sich in diesen in der Regel bereits kleinere Problemaufrisse sowie weiterführende Hinweise auf Aufsätze und Monographien finden. In diesen können wiederum die Fußnoten ausgewertet werden, um so einen Überblick über die relevante Literatur und Rechtsprechung zu erlangen.

Je nach Vertrautheit mit den universitären und international-rechtlichen Literaturdatenbanken mag es sinnvoll sein, im Vorfeld eine Einführungsveranstaltung zur effektiven Literaturrecherche in Datenbanken zu belegen. Solche werden regelmäßig entweder vom Rechenzentrum oder von der Universitätsbibliothek angeboten und können mitunter auch außerhalb der Reihe für Moot Court-Teams erbeten werden.

Neben den einschlägigen Datenbanken sollte aber auch das allgemeine Internet als erste Anlaufstelle nicht unterschätzt werden. Vor allem brandaktuelle Literatur und Rechtsprechung sowie verschiedene Arten von Soft Law-Instrumenten können unter Einsatz der einschlägigen Suchmaschinen einfach aufgetan werden.

### c) Gliederung und Inhaltsverzeichnis

Nach der Durchsicht der gefundenen Literatur und Gerichtsentscheidungen können die Arbeiten an einer detaillierten Gliederung bzw. am Inhaltsverzeichnis stattfinden. Das Inhaltsverzeichnis ist dabei die „Visitenkarte“ eines guten Schriftsatzes. In der Regel handelt es sich um die ersten Seiten, die sich der Korrektor durchliest. Es gilt der Grundsatz, dass bereits bei einer ersten Durchsicht des Inhaltsverzeichnisses der Gang der Argumentation im Gesamtschriftsatz nachvollziehbar sein muss. Angezeigt sind daher aussagekräftige Überschriften, die den Leser erahnen lassen, welche Aussage im jeweiligen Absatz untermauert werden soll. Nichtssagende oder generische Überschriften tragen nur wenig zur Gliederung der

Argumentation bei und sind daher ebenso zu vermeiden wie überfrachtete Überschriften, die sich über mehrere Zeilen erstrecken und so von der Kernaussage ablenken oder den Leser gar potentiell verwirren. So ist beispielsweise eine Überschrift in Form der Aussage „*The Acts and Omissions of the Police Forces are Attributable to the State because...*" der einfachen Beschreibung „*Attribution of Acts of Police Forces*" vorzuziehen. Gleichsam müssen alle Überschriften auf einer Ebene identisch formatiert sein, um die Übersichtlichkeit zu gewährleisten. Der allgemeine Grundsatz „wer A sagt, muss auch B sagen" gilt auch hier. Gliederungsebenen, die nur eine Überschrift enthalten, sind entsprechend zu vermeiden.

### d) Schreibstil eines Moot Court-Memorials

#### aa) Die richtige Schwerpunktsetzung

Trotz des Umfangs der zu bearbeitenden rechtlichen Fragen ist der für die Schriftsätze vorgesehene Umfang grundsätzlich beschränkt. Überschreitungen des vorgegebenen Umfangs werden mit einem teils empfindlichen Punktabzug bestraft. Es gilt also, den vorhandenen Platz optimal zu nutzen. Die richtige Schwerpunktsetzung ist hierfür, und damit auch für den angestrebten Erfolg, entscheidend. Dabei sollte man sich folgenden Leitspruch verinnerlichen: „Jedes Wort ein Treffer. Jeder Satz eine Aussage. Jeder Absatz eine Sinneinheit." Unter dieser Prämisse sind für die Argumentation überflüssige Teile zu streichen oder – besser noch – gar nicht erst zu formulieren.

Daraus ergibt sich zunächst, dass Füllwörter und Bekräftigungsformeln grundsätzlich zu vermeiden sind. Es handelt sich hierbei um Wörter und Aussagen wie beispielswiese „*it seems clear that*", „*without a doubt*" oder „*as cogently argued*". Oftmals werden diese gewählt, weil sie sich professionell anhören, eine wohlklingende Überleitung bieten oder gar vermeintlich die Argumentation in der Sache unterstützen. Dies ist mitnichten der Fall. Im Gegenteil sind diese Satzstücke im besten Falle überflüssig. Im schlimmsten Fall erwecken sie den Eindruck, man nutze sie nur, weil man kein Argument in der Sache habe und von dieser Tatsache ablenken wolle. Verzichtet man auf sie, spart man somit nicht nur Platz, sondern lenkt die Aufmerksamkeit des Lesers auch auf die Sachargumente.

### bb) Die Nutzung von „Roadmaps"

Zur Veranschaulichung der Gliederung und Steigerung des Leseflusses ist zudem die Nutzung so genannter „Roadmaps" anzuraten, die bei jeder neuen Gliederungsebene mit mehr als einem Unterpunkt zum Einsatz kommen. Dabei handelt es sich im Prinzip um eine Kurzzusammenfassung der sich anschließenden Argumentation, die dem Gericht die Beweisrichtung vorgibt. In der Regel sind sie daher auch weitgehend identisch mit den folgenden Unterüberschriften formuliert, um eine gewisse Kohärenz in der Argumentation zum Ausdruck zu bringen.

Dabei erfüllen sie zwei Funktionen: Zum einen stellen sie den Rahmen für die folgende Argumentation dar. Sie geben vor, welche Argumente man in der Hauptsache vorbringen will und was das Gericht von der Argumentation behalten soll, um im Sinne des Klienten zu entscheiden. Prägnanz und Klarheit bei der Formulierung sind somit von überragender Wichtigkeit. Zum anderen stellen sie das Rückgrat der eigenen Argumentation dar. Sie legen dar, entlang welcher Punkte man das Gericht führen will, um zum gewünschten Ergebnis zu gelangen. In der mündlichen Präsentation stellen sie zudem das Sicherheitsnetz nach aufgeworfenen Zwischenfragen dar, welches garantiert, dass der Vortragende wieder zurück in den Argumentationsfluss findet.

### cc) Die Formulierung der Absätze

Weiterhin ist die Formulierung der Absätze als Sinneinheiten von überragender Wichtigkeit. Absätze brechen die Argumentation in verwertbare Teilstücke herunter und steigern dadurch den Lesefluss. Während ihre individuelle Länge grundsätzlich vernachlässigbar ist, folgt ihre Struktur einem bestimmten Grundschema, welches im Grunde dem deutschen Urteilsstils ähnelt: Der erste Satz führt kurz in das Thema des Absatzes ein. Im folgenden Mittelstück wird der Punkt ausgebaut und argumentativ untermauert. Der letzte Satz fasst das Ergebnis noch einmal unter Heranziehung der Argumente zusammen und rundet den Absatz damit ab.

#### dd) „Selbst-Wenn-Argumentationen"

Eine oft zwingend zu nutzende Variante ist die „Selbst-Wenn-Argumentation" („Even-If-Konstruktion"): Man beginnt mit der am weitest reichenden Position, die sich noch argumentativ untermauern lässt, und zieht sich sodann Stück für Stück auf weniger vorteilhafte Rückfallpositionen zurück, für den Fall, dass die erste Ansicht nicht die Zustimmung des Gerichts finden sollte.

*Beispiel: Respondent did not violate international law because [...] (I.). In the alternative, Respondent did not violate international law because [...] (II.). In any event, any violation of international law by Respondent was justified by [...] (III.).*

Der Vollständigkeit halber sei erwähnt, dass einzelne Richter dieser Variante durchaus kritisch gegenüberstehen. So wird argumentiert, die Konditionalkonstruktion führe dazu, dass das Hauptargument geschwächt werde, da im direkten Anschluss alternative Argumente angeboten werden. Um ganz sicher zu gehen, empfiehlt es sich daher, einen Mittelweg einzuschlagen, bei dem nicht jede argumentativ nur gerade eben noch so zu vertretende Position auch tatsächlich angesprochen wird.

### IV. Der mündliche Vortrag

Nach den langen Monaten der schriftlichen Ausarbeitung fühlt es sich verständlicherweise wie eine Erlösung an, sobald man die Schriftsätze fristwahrend bei der Post aufgegeben bzw. rechtzeitig per Email an den Veranstalter gesendet hat. Die erste arbeitsintensive Phase des Moot Court-Wettbewerbs geht damit zu Ende. Dennoch sollten man nicht dem Trugschuss unterliegen, die mündliche Vorbereitung stellte nun einen Spaziergang dar. Sie beschränkt sich mitnichten auf das reine Vortragstraining, zu dem man sich alle paar Tage trifft, sondern umfasst weiterhin die intensive inhaltliche Auseinandersetzung mit Primär- und Sekundärrechtsquellen sowie der eigenen Argumentation.

Zudem sollte man sich klarmachen, dass die mündliche Präsentation die Königsdisziplin eines jeden Moot Court-Wettbewerbs darstellt. Während Auszeichnungen für die schriftliche Leistung zwar auch einen tollen Erfolg darstellen, werden die höchsten Ehren nur denjenigen Teams zuteil, die am Tage des Wettbewerbs in direkter

Auseinandersetzung mit der Konkurrenz Runde um Runde voranschreiten, um zuletzt im Finale vor einem zumeist renommierten Richterkollegium ein letztes Mal anzutreten und den Moot Court-Wettbewerb insgesamt zu gewinnen. Nicht unterschätzen sollte man auch das tendenziell unbefriedigende Gefühl, wenn man in Folge einer mangelhaften mündlichen Leistung in der ersten Runde des Wettbewerbs unterliegt. Diese Enttäuschung kann auch eine Auszeichnung für eine gute schriftliche Leistung nach dem Finale des Moot Courts in der Regel nicht mehr komplett wettmachen.

## 1. Die Rolle und Bedeutung des mündlichen Vortrags

Wie dargelegt liegt der Sinn und Zweck der schriftlichen Ausarbeitung in der erschöpfenden Darstellung der zu behandelnden Probleme unter allen denkbaren rechtlichen und tatsächlichen Gesichtspunkten mittels umfassender Heranziehung der anwendbaren Primär- und Sekundärrechtsquellen. Die schriftliche Ausarbeitung ist damit auch der Platz für einen extensiven Fußnotenapparat und soll den Richtern alles Notwendige an die Hand geben, um den Fall zu entscheiden.

Versucht man, diese Herangehensweise auf die mündliche Präsentation zu übertragen, wird man sehr wahrscheinlich über das Ziel hinausschießen und dieses somit verfehlen. Die Funktion des mündlichen Vortrags besteht nicht darin, die schriftliche Ausarbeitung komplett wiederzugeben oder gar vorzulesen. Dies gilt umso mehr, da die für den Vortrag zur Verfügung stehende Zeit beschränkt ist und diese optimal genutzt werden muss. Vielmehr ist es die Hauptaufgabe des Vortragenden, seine stärksten Argumente prägnant und überzeugend mündlich darzulegen. Daneben soll er diejenigen Problemkreise adressieren, die von besonderem Interesse für die Richter sind. Diese Ziele sollten im Verlauf des mündlichen Trainings nicht aus den Augen verloren werden.

## 2. Im Vorfeld des mündlichen Vortrags

Nach der Abgabe der Schriftsätze sollten diese ausgedruckt und gebunden werden. Eventuelle Flüchtigkeitsfehler, die erst nach der Abgabe entdeckt wurden, sind vorher noch zu korrigieren. Zum Wettbewerb selbst werden mindestens sechs Exemplare jedes

Schriftsatzes mitgenommen – je ein Exemplare für die drei Richter, zwei für das gegnerische und zumindest ein Referenzexemplar für das eigene Team. Damit diese zum Zeitpunkt des Wettbewerbs nicht abgegriffen wirken, sollten ggf. zusätzliche Exemplare für den persönlichen Gebrauch und auswärtige Termine ausgedruckt werden.

Spätestens vor dem ersten auswärtigen Pleading sollte sich das Team auch je einen schwarzen Ordner für Claimant und Respondent besorgen und in diese Kopien aller zitierten Urteile, Aufsätze und Bücher einheften. Die relevanten Stellen können vorher mit einem Textmarker markiert werden, um so einfacher wiedergefunden zu werden. In gleicher Weise sind relevante Gesetzestexte mitzuführen und ggf. zu markieren. Es gibt wenig Peinlicheres, als während des Vortrags nach einer relevanten Norm gefragt zu werden und dann mangels Gesetzestextes bei der Antwort passen zu müssen.

### 3. Die Vorbereitung des mündlichen Vortrags

Die Vorbereitung des mündlichen Vortrags sollte – nach einer kleinen Erholungspause – ebenfalls zeitnah zur Abgabe der Schriftsätze erfolgen. Dabei bietet es sich in der Regel an, dass ein Teammitglied zur Zulässigkeit („*jurisdiction*") vorträgt, während der Teampartner die Begründetheit („*merits*") übernimmt. Diese Aufteilung ist aber nicht sklavisch einzuhalten und sollte den Erfordernissen des vorgegebenen Falles angepasst werden.

Während es nicht schaden kann, die Position des mitplädierenden Teammitglieds jedenfalls in den Grundzügen zu kennen, werden die Richter hier in der Regel nicht in die Tiefe gehen. Davon unberührt bleibt natürlich die Möglichkeit, offensichtliche Widersprüche im Teamvortrag aufzudecken. Ein Grundverständnis von den Argumenten des Teamkollegen schadet also in keinem Fall. Gleiches gilt selbstverständlich für die Fakten des Falles, auch soweit sie nur die rechtliche Argumentation des Teampartners betreffen.

An der Frage, ob ein Thesenpapier mitzuführen ist und welchen Umfang dieses haben darf, scheiden sich die Geister. Die Bandbreite reicht hierbei von gänzlich ausformulierten Texten, über stichpunktartige Zusammenfassungen, bis hin zum komplett freien

Vortrag. Von der ausformulierten Variante kann nur mit Nachdruck abgeraten werden. Ein vorgelesener Vortrag, der sich grundsätzlich in sprachlicher Ausdrucksweise und Stimmmelodie niederschlägt, erfüllt nicht die Anforderungen an eine erfolgreiche mündliche Präsentation und ist einer der gröbsten Fehler von unerfahrenen Moot Court-Teilnehmern. Ohnehin sollte man den Vortrag nicht als an das Gericht gerichtete Vorlesung, sondern als Gespräch mit den Richtern verstehen. Zudem verleitet Vorlesen dazu, den Blick auf das Blatt zu richten, anstatt den Blickkontakt mit dem Gericht zu suchen.

Der komplett freie Vortrag beeindruckt sicherlich am meisten, erfordert aber einen wohl unverhältnismäßigen Vorbereitungsaufwand und birgt die Gefahr, im Eifer des Gefechts wichtige Punkte zu vergessen. Oft kommt es auch vor, dass man nach Unterbrechungen durch das Gericht den roten Faden verliert und nicht mehr in den Vortrag zurückfindet.

Zu favorisieren ist daher eine Gliederung der Argumentation, die die relevanten Argumente sowie Rechtsquellen und Gerichtsentscheidungen in Stichpunkten wiedergibt. Länger als eine Din A4-Seite sollte diese nicht sein, um noch übersichtlich zu sein und lästiges Umblättern während des Vortrags zu vermeiden. Eine sinnvolle Gedankenstütze, zum Beispiel um nach Fragen wieder in den Vortrag zurückzufinden, sind dabei Schlüsselwörter oder –sätze, die bei den relevanten Gliederungspunkten niedergeschrieben und ggf. fett gesetzt werden können.

### 4. Die Struktur des mündlichen Vortrags

Eine gute Struktur erlaubt es dem Vortragenden, die Reihenfolge der Argumente umzustellen und, wo nötig, zwischen einzelnen Punkten hin- und herzuspringen. Dies wird notwendig sein, um Fragen der Richterbank adäquat zu beantworten, oder um nach ausufernden Fragen in der ersten Hälfte des Vortrags in knapper Restzeit noch alle wichtigen Argumente unterbringen zu können.

#### a) Die richtige Zeiteinteilung

Die richtige Zeiteinteilung ist von überragender Bedeutung für einen erfolgreichen Vortrag und sollte daher ausführlich eingeübt werden. Während die einen Richter sich möglicherweise zurückhalten und man seine Argumentation ohne wesentliche Unterbrechungen vortragen kann, überschütten einen andere Richter nur so mit Fragen, so dass an eine Einhaltung der eingeübten Argumentationsreihenfolge nicht zu denken ist. Auf beide Eventualitäten gilt es vorbereitet zu sein, was nur mit steter Übung zu erreichen ist. So müssen die Vortragenden in der Lage sein, weniger wichtige Argumente spontan auszulassen, um in der vorgegebenen Zeit fertig zu werden, oder aber wichtige Stellen ausführlicher als eigentlich geplant zu erläutern, um die zur Verfügung stehende Zeit auch tatsächlich auszureizen.

Dabei hilft es, sich bereits bei der Strukturierung des Vortrags Gedanken zu machen, welche Argumente unbedingt und auch unter Zeitdruck angesprochen werden müssen, welche Themen in der Regel angesprochen werden sollen und welche Teilaspekte von so geringer Bedeutung sind, dass sie notfalls ausgelassen werden können. Übung macht auch hier den Meister.

### b) Die Einleitung

Wenn das Gericht einem das Wort erteilt, schafft ein kurzes Lächeln eine positive Atmosphäre und prägt den ersten Eindruck. Richter sind auch nur Menschen und letztlich darf bei aller gebotenen Ernsthaftigkeit nicht vergessen werden, dass das Ganze auch ein Spiel ist, dass allen Beteiligten Spaß machen soll. Als kleine Erinnerung mag man sich als Teilnehmer einen Hinweis wie beispielsweise „Lächeln!“ oder „Enjoy!“ in die erste Zeile des Pleadings schreiben.

Der mündliche Vortrag beginnt mit der Begrüßung der Richterbank, wobei der Vorsitzende gesondert zu adressieren ist. Die korrekte Anrede der Richter variiert dabei von Moot Court zu Moot Court und hängt von der Art des Gerichts ab, vor dem man auftritt. Danach kann man sich kurz dafür bedanken, dass einem das Wort erteilt wurde. Es folgt die namentliche Vorstellung des Vortragenden und des mitplädierenden Teammitglieds sowie die Angabe, wie die zur Verfügung stehende Zeit auf die Teammitglieder aufgeteilt werden soll. Im Anschluss werden einleitend die relevanten Fakten des Falles zusammengefasst. Dabei sind die für die eigene Position günstigen Fakten in den Vordergrund zu rücken, ohne aber in die rechtliche Argumentation abzudriften. Es handelt sich dabei um den im Prinzip wichtigsten Teil der Einleitung. Idealerweise legt diese Aufbereitung der Fakten dem Gericht bereits nahe, dass eine Entscheidung im Sinne der eigenen Partei schon nach allgemeinen Gerechtigkeits- und Fairnesserwägungen geboten ist. Um sie überzeugend zu gestalten, bietet es sich an, sich bei der Vorbereitung emotional in die persönliche Situation des fiktiven Klägers bzw. Beklagten hinein zu versetzen. Aus dieser Gefühlslage heraus kann man in der Regel einen starken Appell an das Gerechtigkeitsgefühl der Richterbank formulieren. Diese Zusammenfassung der Fakten schließt die Einleitung ab und leitet zur rechtlichen Argumentation in der Sache über.

Die Einleitung ist selbstverständlich auswendig vorzutragen, keinesfalls sollte man schon während der Einleitung den Blick auf ein eventuell mitgeführtes Thesenpapier werfen. Besser hält man bei der Begrüßung mit den Richtern Augenkontakt, um so nicht nur eine erste persönliche Verbindung aufzubauen, sondern auch gute Vorbereitung und Selbstsicherheit zur Schau zu stellen. Gleichzeitig widmet einem das Gericht so seine komplette Aufmerksamkeit und der Vortragende kann durch den flüssigen Einstieg die notwendige Sicherheit für den Rest des Vortrags aufbauen.

*Beispiel: Mme President, distinguished members of this arbitral tribunal, my name is [...] and I represent [...], the Claimant in this case. May I introduce to you my co-agent, Ms. [...]. With the Tribunal's permission, I would like to reserve 14 minutes of our time for my argument, another 14 minutes of our time for the argument of my co-counsel and a total of 2 minutes for our rebuttal.*

### c) Der Hauptteil

Anschließend sind die zwei oder drei Hauptargumentationslinien aufzuzeigen, die in der Folge dargelegt werden sollen. In der Regel handelt es sich dabei um die höchsten Gliederungsebenen im Inhaltsverzeichnis. Wie auch die Roadmap in den Schriftsätzen verfolgt dieses Vorgehen das Ziel, den Richtern die Grobgliederung für den folgenden Vortrag an die Hand zu geben. Ist ein Argumentationsstrang abgeschlossen, ist dies durch einen Ergebnissatz kenntlich zu machen, der den Richtern nicht nur das bereits Gesagte noch einmal kurz zusammenfasst, sondern auch suggeriert, dass nun zum nächsten Gliederungspunkt übergegangen wird.

*Beispiel: Your excellencies, by [...] Respondent violated international law for the following two/three reasons:*

- *First [das stärkste Argument],*
- *Second [das zweistärkste Argument],*
- *Third [das drittstärkste Argument].*

*With respect to my first point, your excellencies, [...]. For these reasons, Respondent violated international law by [...].*

*Coming to Claimant's second submission, namely that Respondent violated international law also by [...].*

### d) Der Schlussteil

Am Ende des Vortrags steht der Antrag an das Gericht, es möge aus den genannten Gründen im Sinne der vortragenden Partei entscheiden („*request/prayer for relief*"). Danach dankt man dem Gericht für die eingeräumte Zeit und kehrt ggf. an seinen Platz zurück.

*Beispiel: For the foregoing reasons, Respondent asks the Court to dismiss Claimant's claims for the lack of jurisdiction and [take whatever action is specified in the memorials]. Mr. President, honourable members of the Court, this concludes Respondent's presentation on jurisdiction. I thank you for your kind attention and invite you to grant the floor to my co-counsel who shall deal with the merits of the case.*

Ist der Vortrag noch nicht beendet, wenn das Gericht das Zeichen gibt, dass die Zeit abgelaufen ist, hat der Vortragende seinen letzten Satz unverzüglich zu beenden und dann aufzuhören, ganz gleich, ob das vorgesehene Ende des Vortrags erreicht wurde oder nicht. Zulässig ist es allerdings, darum zu bitten, den Gedanken noch zu Ende führen zu dürfen. Obwohl die Entscheidung darüber allein in den Händen der Richterbank liegt, wird der Bitte nur selten nicht entsprochen. Räumt einem das Gericht die Möglichkeit ein, sollte man wirklich nur diesen einen Gedankengang abschließen und sich dann zurückziehen. Auf keinen Fall darf die Großzügigkeit der Richterbank ausgenutzt werden, um neue Argumentationsstränge zu präsentieren.

*Beispiel: Mme. President, I see that my time is up. Would you be so kind as to grant me another minute to conclude my argument?*

### e) Rebuttal und Surrebuttal

Die meisten Reglements sehen zudem die Möglichkeit von kurzen Erwiderungen („*rebuttal*“ oder „*surrebuttal*“) im Anschluss an die Vorträge vor. Auf beides sollte nur im Ausnahmefall verzichtet werden, geben sie doch die Möglichkeit, einen nachhaltig guten Eindruck auf die Richter zu machen.

Voraussetzung für ein effektives „rebuttal“ ist, dass man dem gegnerischen Vortrag die gebührende Aufmerksamkeit zollt, um die Argumentation auch im Detail nachvollziehen zu können. Sehr hilfreich ist es hierbei, sich die Punkte aufzuschreiben, die man nachfolgend im „rebuttal“ widerlegen möchte. Dabei gilt, dass weniger mehr ist. Ein guter erster Satz stellt heraus, zu wie vielen Punkten man kurz etwas anmerken will. Mehr als zwei Punkte sollte man sich dabei nicht vornehmen. Dabei sollen die Schwachpunkte der gegnerischen Argumentation herausgestellt werden. Hier geht es nicht um die erschöpfende Erläuterung der Rechtslage und auch nicht um eine Wiederholung der bereits vorgetragenen Argumente. Vielmehr soll das Rebuttal ausschließlich genutzt werden, um auf Aspekte in der Argumentation der Gegenseite einzugehen, die im eigenen Vortrag nicht adressiert wurden. Der Schlüssel zu einer rhetorisch überzeugenden Gegendarstellung sind dabei kurze und prägnante Sätze. Längere Ausführungen und verschachtelte Satzkonstruktionen verbieten sich im Hinblick auf die knappe Zeit und den rhetorischen Effekt. Polemik – so lange sie sich im Rahmen hält – mag dabei sowohl schlagfertig als auch kurzweilig wirken, und kann im Rebuttal unterstützend angewandt werden.

*Beispiel: Your Excellencies, thank you for granting me the floor. I would like to briefly comment on two points that have been raised by my opposing counsel. First, Claimant was surprised to hear that [first issue]. Second, Claimant rejects Respondent's assertion that [second issue]. This concludes Claimant's rebuttal. I thank you for your kind attention.*

## 5. Tipps für eine überzeugende Präsentation

Manche Menschen besitzen ein Talent, vor Publikum und in der Öffentlichkeit zu sprechen. Der Mehrheit der Studierenden, die sich eine solche Fähigkeit erst noch aneignen muss, sollen im Folgenden Ratschläge an die Hand gegeben werden, wie sie den vermittelten

Eindruck, und damit nicht zuletzt ihre Glaubwürdigkeit, optimieren können.

### a) Selbstbewusstes Auftreten

In den mündlichen Runden ist eine selbstbewusste Präsentation ebenso essentiell wie eine gute inhaltliche Vorbereitung, wobei sich beide auch bedingen. Die beste Quelle für ein gesundes Selbstvertrauen ist eine gute Vorbereitung. Je besser man sich vorbereitet fühlt, desto selbstbewusster tritt man auf. Hier zahlt sich die Arbeit, die man in die Anfertigung der Schriftsätze gesteckt hat, deutlich aus

Die richtige Haltung und Körpersprache prägen zudem unbewusst die Bewertung der Gesamtleistung der Vortragenden. Teilnehmer, die mit hängenden Schultern und Blick Richtung Boden ihren Vortrag abspulen, werden unwillkürlich von den Richtern als weniger kompetent eingestuft, als solche, die mit erhobenem Haupt und mit Blickkontakt das Gleiche zum Besten geben. Über diesen intuitiven Malus in der Bewertung der Fachkompetenz hinaus, spielt die selbstbewusste Körpersprache auch als eigenes Kriterium der gelungenen Präsentation eine große Rolle.

Des Weiteren sollte man sich vergegenwärtigen, dass bei jedem Vortrag und unabhängig von der Vorbereitung etwas schief gehen kann. In so einem Fall gilt es, nicht nervös zu werden. Im Zweifel fühlt sich der Fehler subjektiv schlimmer an, als er tatsächlich ist. Wie so oft kommt es weniger darauf an, dass man einen Fehler gemacht hat, sondern wie souverän man damit umgeht. Fällt einem ein Fehler auf, so sollte man schnell entscheiden, ob überhaupt etwas zu tun ist und was zu tun ist. Entscheidet man sich dafür, den Fehler einzugestehen, entschuldigt man sich kurz (und zwar mit einem *„I apologise/my apologies"* und auf keinen Fall mit einem umgangssprachlichen *„I'm sorry")* um den Punkt richtig zu stellen und dann fortzufahren. Im Anschluss ist es wichtig, ruhig weiter zu machen, ohne sich weiter mit dem Patzer zu beschäftigen.

### b) Die effektive Ausführung

Eine effektive mündliche Präsentation zeichnet sich durch eine adäquate Ausdrucksweise, eine saubere Aussprache sowie durch eine angenehme Sprechgeschwindigkeit aus.

Die adäquate Ausdrucksweise in einer mündlichen Präsentation ergibt sich aus dem sozialen Kontext, in dem die Verhandlungssimulation stattfindet. Vor dem Internationalen Gerichtshof oder in einem privaten Schiedsverfahren in einem Handelsdisput herrscht ein anderer Ton als bei der Fußballübertragung in der Lieblingskneipe. Dies sollte sich in einer gewählten und professionellen Ausdrucksweise und Wortwahl niederschlagen, die dem Gericht gleichzeitig die gebotene Achtung zollt. Umgangssprachliche Wendungen sind zu vermeiden. Soweit vorhanden ist juristisches Fachvokabular zur Anwendung zu bringen.

Die Aussprache während des Vortrags spielt ebenfalls eine wichtige Rolle für den Eindruck, den der Redner vermittelt. Eine besondere Schwierigkeit stellt dabei oftmals dar, dass der Vortrag in einer Fremdsprache zu halten ist, welches die Vortragenden oft vor besondere Probleme bei der korrekten Aussprache stellt. Neben der möglichst akkuraten Aussprache der fremdsprachlichen Wörter gehört zur gelungenen Aussprache aber auch eine klare und deutliche Betonung. Diese vermittelt nicht nur einen strukturierten Eindruck, sondern erleichtert auch das Verständnis der Richter, die oftmals selbst keine Muttersprachler sind.

Ebenso wichtig ist das Sprechtempo. Dieses sollte das Verständnis des Vortrags unterstützen und somit in Abhängigkeit davon, was man sagt, variieren. Es sollte durchaus zügiger gesprochen werden, wenn Grundlegendes oder als bekannt Vorauszusetzendes präsentiert wird. Wird hingegen ein komplexer Sachverhalt erläutert, sollte das Sprechtempo entsprechend gedrosselt werden, um sicherzugehen, dass die Richter dem Gesagten folgen können.

Das Sprechtempo kann ebenso dazu genutzt werden, die eigene Überzeugungskraft zu erhöhen. Wer an besonders wichtigen Stellen betont langsam und deutlich spricht, steigert dadurch die Aufmerksamkeit der Richter. Dabei kann der Vortragende auch in Betracht ziehen, an kritischen Stellen eine künstlerische Pause einzulegen, um das Gesagte damit zu unterstreichen. Überhaupt sollten

Sprechpausen strategisch eingesetzt werden, um die Überzeugungskraft des eigenen Vortrags zu steigern.

Hingegen ist ein zu hohes Sprechtempo oftmals ein Zeichen für Nervosität oder fehlende Vorbereitung. Auch kurze Pausen erscheinen dem Vortragenden in diesem Fall zu lang und werden entsprechend vermieden, was in einem gehetzten Eindruck resultiert.

#### c) Das äußeres Erscheinungsbild

Das äußere Erscheinungsbild trägt zu einem runden Eindruck bei und kann die eigene Glaubwürdigkeit sowohl unterstreichen als auch untergraben. Ohne detaillierte Kleidungstipps geben zu wollen/können, bleibt dabei festzuhalten: Juristen sind konservativ. Genauso wenig wie die mündliche Prüfung im Staatsexamen bietet der Moot Court-Wettbewerb die Gelegenheit, gegen diese Grundhaltung zu protestieren. Die Kleidung sollte darauf abgestimmt sein, so dass die Richter sich auf die dargebotene Leistung und nicht auf das Erscheinungsbild konzentrieren. Gleiches gilt für ein gepflegtes Äußeres. Sicherlich nicht verkehrt ist es, sich in diesem Zusammenhang an der Kleiderordnung in einer (internationalen) Anwaltskanzlei zu orientieren.

### 6. Fragen effektiv beantworten

Das wohl wichtigste Kriterium für die Bewertung des mündlichen Vortrags ist die Souveränität bei der Beantwortung von Fragen der Richterbank. Erfahrungsgemäß handelt es sich dabei gleichzeitig auch um den stressintensivsten Teil für die Teilnehmer. Dazu trägt sicherlich bei, dass die Leistung in diesem Bereich nicht selten darüber entscheidet, ob eine Runde verloren oder gewonnen wird. Einen Vortrag in einer Fremdsprache auswendig zu lernen und diesen dann ohne Unterbrechung abspulen zu können, ist zwar eine respektable, aber noch keine außergewöhnliche Leistung. Erst wenn der Vortragende die Fähigkeit zeigt, sich und seine Argumentation auf neue Konstellationen einzustellen, wird aus einer guten eine herausragende Leistung.

Neben der selbstverständlich vorauszusetzenden intellektuellen Durchdringung der Probleme des Falles liegt der Schlüssel zur optimalen Beantwortung der Fragen in der steten Übung unter möglichst realen Bedingungen. Um seiner Nervosität Herr zu werden, hilft es sich vor Augen zu führen, dass die Richter die Fragen in der Regel nicht stellen, um den Vortragenden zu verunsichern. Vielmehr dienen Fragen den Richtern dazu, Unklarheiten zu beseitigen. Außerdem sollen Fragen dem Vortragenden eine Chance geben, die argumentative Belastbarkeit seines Vortrags in einer Stresssituation unter Beweis zu stellen und sich mit seiner Antwort von den anderen Teilnehmern abzuheben und auszuzeichnen.

Aus dieser Intention der Fragesteller folgt, dass Fehler in den Antworten weniger schädlich sind als möglicherweise befürchtet, soweit der Vortragende diese zugibt und sich verbessert. Einen solchen Fehler sollte man jedoch nicht vorschnell annehmen, insbesondere weil man im Zweifel sehr viel mehr Zeit und Vorbereitung in den Fall gesteckt hat, als der Richter. Gelangt man also zu der Auffassung, dass der Richter ein Argument falsch verstanden haben muss, so hilft es, den Punkt noch einmal zu erklären und höflich, aber in der Sache bestimmt, zu erläutern, warum kein Denkfehler vorliegt.

Bei der Vorbereitung ist das Verständnis dafür hilfreich, dass der Fragenkanon der Richter begrenzt ist. Im Folgenden soll eine Typologie immer wieder auftauchender Fragen sowie optimaler Antworten vorgestellt werden:

### a) Fragen nach den Fakten des Falles

Die am häufigsten vorkommenden Fragen sind solche nach den relevanten Fakten des Falles. In der Regel fragt der Richter nach spezifischen Fakten und will in diesem Zusammenhang auch wissen, wo diese im Sachverhalt auftauchen. Hin und wieder verlangen Richter aber auch nach einer umfassenden Darstellung des relevanten Sachverhalts in Kurzform.

Die Gründe für diese Fragen liegen auf der Hand: Entweder ist dem Richter der Sachverhalt bzw. einzelne relevante Teile desselben unklar (was nicht selten mit der nur kursorischen Vorbereitung einzelner Richter zusammenhängen mag). Alternativ stellt die Frage die Basis für ein folgendes rechtliches Argument des Richters dar.

Der Schlüssel zur Beantwortung dieses Fragentypus liegt in der Prägnanz und Genauigkeit der Antwort. Eine vorbildliche Antwort gibt die erforderlichen Fakten in einem Satz wieder und verweist auf deren Quelle im Fall. Ausschweifende Antworten sollten in der Regel vermieden werden. Diese neigen eher dazu, den Richter zu verwirren oder aber sie laden zu Folgefragen ein. Dies gilt umso mehr, wenn der Richter die Faktenfrage lediglich zur Einleitung einer folgenden Rechtsfrage gestellt hat. Generell sollten die Teilnehmer vermeiden, dass erworbenes Detailwissen die Prägnanz ihrer Antworten untergräbt. Antworten, die an der Frage vorbeigehen, schaden mehr als dass sie helfen, auch wenn das Gesagte richtig sein mag.

### b) Fragen nach Urteilen oder Literaturquellen

Vergleichbar oft fragen Richter nach der rechtlichen Basis der vorgetragenen Argumentation. Diese Art der Frage ist besonders beliebt, da sie dem Richter wenig Vorbereitung abverlangt, aber ausgezeichnet dazu geeignet ist, die Kenntnisse des Vortragenden über das anwendbare Recht zu prüfen.

Eine gute Antwort zeichnet sich durch die prägnante Nennung von anwendbaren Fällen und Sekundärquellen aus, die als Basis die vertretene Rechtsansicht untermauern. Vorbereitet sein sollte man dabei unbedingt auf Folgefragen, nach den spezifischen Fakten der genannten Fälle. Eine gute Antwort setzt in der Regel nicht viel mehr als an den Tag gelegten Fleiß in der Vorbereitungsphase voraus. Dementsprechend irritiert oder sogar verärgert reagieren Richter, wenn die Antwort hinter den Erwartungen zurückbleibt.

### c) Fragen, die Argumente der Gegenseite aufnehmen

Häufig inkorporieren die Richter auch Argumente der Gegenseite in ihre Fragen, um zu sehen, wie der Vortragende darauf reagiert. Eine gute Antwort erkennt man daran, dass sich der Vortragende in der Sache bestimmt mit dem Argument auseinandersetzt und überzeugend darlegt, warum die eigene Position vorzugswürdig ist. Je weniger gehaltvoll und überzeugend die eigene Antwort ist, desto mehr wertet man die Argumente seiner Kontrahenten auf. Nur selten kommt es vor, dass die Argumente in einem sensiblen Punkt einseitig verteilt sind, so dass keine denkbare Antwort überzeugen kann. In so einem Fall empfiehlt es sich, die (wenigen) positiven Punkte hervorzuheben und den eigenen Standpunkt auch bei wiederholten Nachfragen zu verteidigen. So vermeidet man zumindest widersprüchliche Aussagen und kommt mit einem blauen Auge aus einer Situation heraus, die es so in einem gut gestalteten Moot Court-Wettbewerb eigentlich nicht geben sollte.

#### d) Fragen nach einem hypothetischen Szenario („Was wäre, wenn...?“)

Deutlich schwieriger zu beantworten sind Fragen nach einem hypothetischen Alternativszenario, das der Fantasie des Fragenden entspringt. Die Richter testen hiermit die Fähigkeit des Vortragenden, sich in einer Stresssituation schnell in ein neues Szenario hineinzudenken und dieses mit seiner eigenen Argumentation in Einklang zu bringen.

Nicht selten verstricken sich die Vortragenden bei der Beantwortung hypothetischer Fragen in Widersprüche zur eigenen Position. Demzufolge zeichnet es eine gute Antwort aus, entweder auch im hypothetischen Szenario an der eigenen Argumentation festzuhalten und zu erklären, warum dies angezeigt erscheint, oder aber herauszustellen, welche hypothetischen Fakten aus welchen Gründen zu einer Neubewertung der eigenen Rechtsposition führen würden, gleichzeitig aber zu betonen, dass die spezifischen Fakten des vorliegenden Falles anders liegen und man unter diesen Umständen an der eigenen Position festhält.

#### e) Fragen, die dem eigenen Vortrag vorgreifen

Oft kommt es vor, dass Fragen den Vortragenden unvorbereitet treffen, weil das Thema im auswendig gelernten Vortrag an anderer Stelle thematisiert werden sollte. Dies passiert meist unbeabsichtigt, da die Richter keinen Überblick über die genaue Gliederung des Vortrags haben. Kommt eine solche Frage demnach relativ früh auf, spricht vieles dafür, dass der Richter sich einen solchen Überblick über die Argumentation verschaffen will. Später kann eine solche Frage aber auch ein denkbar schlechtes Zeichen dafür sein, dass der Richter glaubt, man würde Kernaspekte des Falles nicht adressieren.

Wie oben bereits dargestellt, zeichnet sich ein guter Vortrag durch eine gewisse Durchlässigkeit innerhalb der Argumentationsstruktur aus. Eine gute Antwort nimmt daher die Frage des Richters auf und zieht den entsprechenden Vortragsteil vor. Gelingt dies stolperfrei, hat man die Chance einen Teil des eigenen – perfekt vorbereiteten – Vortrags als Antwort auf eine Frage zu kaschieren, was von den Richtern bei der Punktevergabe entsprechend goutiert werden sollte.

Von einer Antwort, die den Richter darauf verweist, dass man später noch auf diesen Punkt einginge, ist abzuraten. Oft kommt man so zwar mit einem blauen Auge davon, dennoch stößt man den Richter mit einer solchen Antwort vor den Kopf. Noch viel schlimmer ist es, zu erklären, man habe selbst zwar keine Antwort, wisse aber, dass der mitplädierende Kollege in seinem Vortrag darauf eingehen werde. Nicht nur gesteht man damit sein Unwissen ein, man verpflichtet seinen Partner auch dazu, zu einem Punkt Stellung zu nehmen, den er im Zweifel nicht adressieren wollte. Zudem sollten alle Teammitglieder in der Lage sein, die Argumente auch des Partners in zumindest ein bis zwei Sätzen zusammenzufassen. Nur wenn man sich dessen zu 100% sicher ist, darf anschließend noch auf die folgende vertiefte Erläuterung durch den Teampartner hingewiesen werden.

#### f) Rechtspolitische Fragen

Wie bereits angesprochen, zeichnet sich eine gute Argumentation dadurch aus, dass sie auch rechtspolitische Erwägungen einbezieht. In der Realität vor allem des angloamerikanischen Common-Law-Systems achtet die Rechtsprechung sehr genau auf die Auswirkungen einer Entscheidung auf das Rechtssystem und die Gesellschaft im Allgemeinen. Dennoch werden Argumente, die sich einer strikten rechtlichen Herangehensweise verschließen, von Moot Court-Teilnehmern oftmals vernachlässigt. Dies mündet dann in einer unbefriedigenden Antwort auf rechtspolitische Fragen. Dabei ist es eine Sache, sich das rechtliche Hintergrundwissen anzulesen und Präzedenzfälle zu diskutieren. Die geistige Höchstleistung ist es, die Ratio der Rechtsprechung oder Rechtsregel zu erkennen und darauf aufbauend die Auswirkungen der eigenen Argumentation über die Grenzen des zu entscheidenden Falles hinaus zu verstehen. Demzufolge adressiert eine gute Antwort nicht nur die Auswirkungen der Argumentation auf den eigenen Mandanten sondern auch die Auswirkungen auf die gesamte Gesellschaft. Ein prominentes Beispiel stellen so genannte *„slippery slope“* oder *„floodgate“* Argumente dar, nach denen eine falsche Gerichtsentscheidung in der Sache dazu führe, dass eine Rechtsregel zukünftig in einer Vielzahl unpassender Konstellationen zur Anwendung gelange. Dies, so die Argumentation weiter, werde in einem Anstieg missbräuchlicher oder zumindest leichtsinniger Klagen münden, die die vorhandenen Gerichtskapazitäten „überfluten“ und damit lahm legen würden.

#### g) Fragen, auf die man die Antwort nicht kennt

Letztlich kann es einem immer passieren, dass der Richter eine Frage stellt, auf die man die Antwort nicht weiß. Obwohl dies ärgerlich ist, sollte man nicht versuchen, sich eine Antwort in kreativer Rechtsschöpfung auszudenken. Vorzugswürdig ist es sich zu entschuldigen und charmant einzugestehen, dass man auf die Frage leider keine Antwort habe, um sodann schnellstmöglich mit dem eigenen Vortrag fortzufahren.

### 7. Die Bedeutung von Teamwork

Regelmäßig treten im mündlichen Wettbewerbsteil Zwei-Personen-Teams gegeneinander an. Erlauben es die Regeln des jeweiligen Wettbewerbs spricht nichts dagegen, sich während des eigenen Vortrags der Hilfe seines Teammitglieds zu bedienen. Gerade eine solche Teamarbeit wird oftmals positiv im Rahmen der Punktvergabe bewertet. Teams können diesen Umstand gezielt instrumentalisieren: So kann der Zusatzpunkt für gute Zusammenarbeit im Team oft vergleichsweise einfach erlangt werden, indem das nicht plädierende Teammitglied dem Vortragenden an einer einstudierten Stelle im Vortrag den Gesetzestext oder eine Passage des Falles reicht, damit dieser daraus zitieren kann. Wird dies plakativ genug gestaltet, können die Richter oftmals nicht dem Impuls widerstehen, gedanklich ein Häkchen hinter das Kriterium der Teamarbeit zu setzen.

Zudem kann der Teampartner auch dabei helfen, die zur Verfügung stehende Zeit einzuhalten. So kann er auf einem Blatt Papier in der Mitte unauffällig vermerkt, sobald der Vortragende nur noch zehn, fünf, zwei Minuten bzw. eine Minute zur Verfügung hat. Dies entlastet den Vortragenden nicht nur bei der Zeiteinteilung, sondern wird auch mit Bonuspunkten für eine gute Zusammenarbeit belohnt.

Es mag aber auch vorkommen, dass der Vortragende die Antwort auf eine Frage tatsächlich nicht kennt oder aber von ihr überrumpelt wird. Auch in diesem Fall kann die Zusammenarbeit im Team eine bedeutende Rolle spielen. Wird beispielsweise nach einer bestimmten Passage aus einem Urteil gefragt, suchen zwei Augenpaare schneller als eines. Möglicherweise kennt der Partner die Antwort auf die Frage sogar selbst besser als der Vortragende. Hier ist zunächst möglich, dass dieser dem Vortragenden in aller Eile eine kurze Notiz mit dem Hinweis auf die richtige Antwort schreibt und zuschiebt. Insbesondere bei schwierigen inhaltlichen Fragen mag es dabei in seltenen Fällen eleganter sein, eine kursorische Antwort zu geben und gleichzeitig darauf zu verweisen, dass der Teamkollege sich vertieft mit der Frage auseinandersetzen wird. Mit letzterem sollte allerdings sparsam umgegangen werden, insbesondere wenn beide Vortragenden getrennt bewertet werden, und erst recht, wenn man sich unsicher ist, ob der Teampartner die Frage tatsächlich beantworten kann.

### 8. Möglichkeiten der Vorbereitung

Eine effektive Vorbereitung des Teams auf den mündlichen Wettbewerbsteil beschränkt sich nicht auf Probevorträge mit dem Teambetreuer, sondern umfasst weitere externe und interne Übungsmöglichkeiten, die im Folgenden vorgestellt werden sollen.

#### a) Probepleadings mit dem Teambetreuer

Klassisches Instrument zur Vorbereitung ist das Probepleading unter Wettkampfbedingungen. Vor allem zu Beginn werden diese noch ganz überwiegend mit dem Teambetreuer durchgeführt, damit sich die Teilnehmer an die neue Situation gewöhnen und eine gewisse Sicherheit in ihrem Vortrag erlangen können. In den ersten

Pleadings sollte es daher auch eher darauf ankommen, dass die Teilnehmer flüssig und möglichst frei vortragen und sich dabei an den Rahmen der zur Verfügung stehenden Zeit halten. Fragen von der Richterbank sollten in dieser Phase – wenn überhaupt – nur vereinzelt eingestreut werden.

Sobald die Teilnehmer sich etwas wohler in der neuen Situation fühlen, können sodann zunehmend Fragen sowohl zu den Fakten des Falls wie auch zu den Haupt- und Schwachpunkten der juristischen Argumentation gestellt werden, um die Teilnehmer an eigenständige und spontan in freier Rede vorzutragende Antworten zu gewöhnen, für die es im Wettbewerb die meisten Punkte gibt. Gleichzeitig lernen die Teilnehmer so, sich die zur Verfügung stehende Zeit einzuteilen und ihren Vortrag an Art und Anzahl der Fragen anzupassen

Das jeweilige Teammitglied, das in dem Moment nicht plädiert, sollte dabei die an den Vortragenden gerichteten Fragen aufschreiben, damit diese nicht vergessen werden und nachgearbeitet werden können. In gleicher Weise sollte sich die anschließende Kritik des Teambetreuers zu Herzen genommen und an den aufgeworfenen Punkten gearbeitet werden. Diese Nachbearbeitung darf auf keinen Fall vernachlässigt werden, da sich viele Fragen und Probleme erfahrungsgemäß auch im späteren Wettbewerb wiederholen und man hier vom Lern- und Übungseffekt profitieren kann.

### b) Auswärtige Probepleadings

Nach einer bestimmten Anzahl an Pleadings tritt bei allen Teilnehmern in der Regel ein gewisser Gewöhnungseffekt ein. Der Teambetreuer stellt immer wieder die gleichen Fragen, die Teammitglieder verlieren das Gefühl für die Ernsthaftigkeit der Situation und den gebührenden Respekt für den als Richter fungierenden Coach. Um dieser Entwicklung vorzubeugen, sollte rechtzeitig über auswärtige Pleadings und die Hinzuziehung von Gastrichtern nachgedacht werden. Hierbei bieten sich vor allem Termine bei Anwaltskanzleien und die Einladung ehemaliger Moot Court-Teilnehmer als Richter an. Neben einem frischen Blick auf Sachverhalt und Rechtsfragen üben die Studierenden nicht nur vor unbekannten Personen und unter erhöhtem Stress zu plädieren, sondern erlangen auch einen Blick über den Tellerrand der Universität hinaus und knüpfen erste Kontakte in die Praxis. Nicht selten konnten sich die Teilnehmer auf diesem Wege schon eine Praktikums-, Referendars- oder Hilfskraftstelle in den beteiligten Kanzleien sichern. Prädestiniert sind hier sicherlich international tätige Sozietäten, die in der Regel ein Budget für solche Werbeveranstaltungen vorgesehen haben und deren Rechtsanwälte oftmals selbst während ihres Studiums an einem Moot Court-Wettbewerb teilgenommen haben.

#### c) „Pre-Moots“

Je nach Renommee des Wettbewerbs und Anzahl der teilnehmenden Teams werden auch so genannte „Pre-Moots“ organisiert. Bei einem solchen „Pre-Moot“ treten im Vorfeld der offiziellen mündlichen Runden Teams aus der ganzen Welt an, um im Stile des späteren Wettbewerbs gegeneinander zu plädieren. Bekannt sind diese jährlich stattfinden Trainingsrunden insbesondere vom Willem C. Vis Moot Court zur internationalen Handelsschiedsgerichtsbarkeit. Aber auch in anderen Wettbewerben nimmt das Angebot stetig zu.

Besteht finanziell und organisatorisch die Möglichkeit, kann eine Teilnahme an einem „Pre-Moot“ nur wärmstens empfohlen werden. Das Team hat die Gelegenheit Wettbewerbsluft zu schnuppern und sich optimal für den Ernstfall vorzubereiten. Zudem kann die Konkurrenz bereits im Vorfeld des Wettbewerbs eingeschätzt werden. Und letztlich wird das Team den Rückweg um eine internationale Erfahrung reicher antreten, was nur im Sinne der Studierenden sein kann.

#### d) Rhetorik- und Stimmbildungstraining

Ebenfalls ins Auge gefasst werden kann ein allgemeines Rhetorik- und Stimmbildungstraining. Idealerweise sollte dieses auf die Bedürfnisse von Moot Court-Teams zugeschnitten und von einem entsprechend erfahrenen Rhetoriktrainer/Stimmbildungstrainer durchgeführt werden, um den maximalen Nutzen daraus zu ziehen.

## V. Während des Moot Court-Wettbewerbs

Der Moment, auf den man so lange hingearbeitet hat, ist nun endlich gekommen. Um sich optimal zu präsentieren, gilt es auch hier, einige Verhaltensregeln einzuhalten.

### 1. Das richtige Verhalten während des Wettbewerbs

Wie schon erwähnt, repräsentiert das Team nicht nur sich selbst, sondern auch Universität und Heimatland. Das Verhalten der Teammitglieder während des Wettbewerbs ist demnach von überragender Wichtigkeit. Bereits allgemeine Höflichkeitsregeln gebieten, sich gegenüber den konkurrierenden Teams kollegial und respektvoll zu verhalten. Bei allem sportlichen Ehrgeiz darf nicht vergessen werden, dass es sich nur um eine Simulation handelt. Gleich wie groß die Enttäuschung über vermeintlich zu schlechtes Abschneiden, verzerrende Wettbewerbsbedingungen oder unfaire Gegenspieler auch sein mag, nichts rechtfertigt despektierliches Verhalten gegenüber anderen Teilnehmern.

### 2. Kurz vor dem Vortrag

Kurz vor dem Vortrag mag manchen das ungute Gefühl beschleichen, man hätte alles vergessen. Um diesem Gefühl, das aus reiner Nervosität geboren ist, entgegenzuwirken, bietet es sich an, sich mit dem Betreuer eine halbe bis ganze Stunde vor dem eigentlichen Wettkampf zusammenzusetzen und jedem Teammitglied die Chance zu geben, die ersten zwei Minuten seines Vortrags in ungezwungener Atmosphäre, vielleicht bei einem Kaffee, vorzutragen. Dies bestärkt die Teammitglieder nicht nur darin, dass das Wissen noch vorhanden ist, sondern trägt auch dazu bei, dass man es wieder auffrischt.

Im Anschluss bietet es sich an, den zugeteilten Raum rund 10-15 Minuten vor dem offiziellen Rundenbeginn aufzusuchen. Idealerweise erspart man sich das nervenaufreibendes Suchen eines Raums unter Zeitdruck anhand einer Gebäudekarte und beauftragt bereits im Vorfeld ein (nicht vortragendes) Teammitglied damit, den Weg zum Raum auszukundschaften.

Im Raum angekommen sollte man sich mit den örtlichen Gegebenheiten vertraut machen. Wichtig ist vor allem, dass der Vortragende weiß, von wo der Vortrag zu halten ist und ob er dabei stehen oder sitzen wird. Die Höflichkeit gebietet es selbstverständlich, dass man das gegnerische Team persönlich begrüßt. Bei Wettbewerben auf Grundlage eines Schiedsverfahrens mag es auch erforderlich sein, dass sich die Teams im Vorfeld auf einen Austragungsmodus einigen. Die mitgeführten Schriftsätze kann man bereits an das gegnerische Team und die Richterbank austeilen.

Je nach Wettbewerb wird auch schon ein Assistent der Richterbank im Raum sein, der sich die Namen der Teammitglieder sowie deren Zeiteinteilung aufschreibt. In der Regel fragt aber auch der Vorsitzende noch einmal nach, ob die Teams sich auf einen Austragungsmodus geeinigt haben und wer als erstes plädiert. Hier mag man sich einen kleinen psychologischen Vorteil dadurch verschaffen, dass man vor seinen Konkurrenten das Wort ergreift und auf die Fragen des Vorsitzenden antwortet, um somit der erste zu sein, der eine Beziehung zur Richterbank aufbaut.

### 3. Pausen- und Abendbeschäftigungen

In den Wettbewerbspausen haben die Teammitglieder die Wahl, ob sie sich mit der Vorbereitung der nächsten Pleadings beschäftigen oder sich lieber ablenken wollen. So wenig verlockend es erscheint, sich auch noch während des Wettbewerbs mit der Materie zu beschäftigen, mit der man sich die vergangenen Monate ohnehin schon intensiv auseinander gesetzt hat, so sinnvoll kann dies im Einzelfall sein. Dies ist beispielsweise dann angebracht, wenn im Wettbewerb die Schriftsätze von Anfang an veröffentlicht werden und man früh genug erfährt, gegen welches Team man in der nächsten Runde antritt.

Die meisten Moot Court-Wettbewerbe sehen zudem durch Sponsoren finanzierte Abendveranstaltungen vor, an denen die Teams unbedingt teilnehmen sollten. Die Chance, in ungezwungener Atmosphäre mit anderen Teilnehmern und Richtern aus der ganzen Welt in Kontakt zu kommen, macht einen beträchtlichen Teil der Moot Court Erfahrung aus. Es kommt nicht selten vor, dass während des Wettbewerbs gewonnene internationale Freundschaften auch über den Moot Court hinaus andauern und gepflegt werden.

Aber auch beruflich mag man von den geknüpften Kontakten profitieren können, wenn man sich zu einem Verbleib im Rechtsgebiet des Moot Courts entschließt.

## VI. Nach dem Moot Court-Wettbewerb

### 1. Die organisatorische Nachbetreuung

Zeitnah nach der Rückkehr sind Sponsoren und Proberichter über die erreichten Ergebnisse zu informieren. Dies gehört auch dann zum guten Ton, wenn das Abschneiden nicht den eigenen Erwartungen gerecht werden konnte. In der Regel wird dies die Aufgabe des Teambetreuers sein.

Darüber hinaus ist es erstrebenswert, dass das Team einen persönlichen Erfahrungsbericht über die Erlebnisse während des Moot Courts schreibt. Ein solcher kann nicht nur zur Außendarstellung und Werbung um zukünftige Teilnehmer und Sponsoren auf die Internetpräsenz gestellt werden, sondern ggf. auch in den einschlägigen Ausbildungszeitschriften oder in universitätsinternen Publikationen veröffentlicht werden.

Genauso gerne ist es gesehen, wenn sich das Team oder einzelne Mitglieder dazu bereit erklären, bei etwaigen Informationsveranstaltungen für den nächsten Wettbewerb aufzutreten und von den gewonnenen Erfahrungen zu berichten, um so Studenten für die zukünftige Teilnahme zu gewinnen.

### 2. Die Betreuung zukünftiger Teams

Wie angesprochen, liegt die Betreuung von Moot Court-Teams zumeist in den Händen ehemaliger Teilnehmer. Sollte jemand Freude an der Weitergabe der erworbenen Erfahrungen haben, sollte man sich am besten bei seinem Teamcoach nach dieser Möglichkeit erkundigen. Ganz sicher nach, aber auch schon vor, dem ersten Staatsexamen können sich hier Arbeitsmöglichkeiten am betreuenden Lehrstuhl auftun.

## Annex: Sammlung von Literatur und Berichten zum Moot Court und der anwaltsorientierten Ausbildung

Die nachfolgende, keinesfalls Vollständigkeit beanspruchende Literatursammlung spiegelt die Vielfältigkeit der bisherigen nationalen und internationalen Moot Court-Projekte an deutschen Rechtsfakultäten anschaulich wieder. Gleichzeitig ist sie aber auch ein Beleg für dafür, dass Moot Courts bislang mehr als Projekte elitärer Ausbildung weniger Studierender im Rahmen von prestigeträchtigen internationalen Wettbewerben, denn als Veranstaltungen für eine breitere Studierendenschaft gesehen wurden. Bezeichnend ist jedoch, mit wie viel Begeisterung oftmals von den Teilnehmern an Moot Courts von deren Erfahrungen berichtet wird.

Daneben finden sich auch Beiträge, die andere Formen der anwaltsorientierten Ausbildung ansprechen und teilweise auch die grundlegende Frage nach einer neuen Ausrichtung des juristischen Studiums stellen. Nahezu all diesen Beiträgen ist gemein, dass sie eine bessere Vorbereitung der Studierenden auf die berufliche Praxis bereits intensiv für das Studium und nicht erst die Zeit des Referendariats fordern.

Die nachfolgende alphabetische Liste erfasst Beiträge, die bis in die 1970er Jahre zurückgehen. Ausgewertet wurden dabei speziell die klassischen Ausbildungszeitschriften.


Augustin, Lukas/Wolter, Detlev: Die internationale Ausscheidung der "1981 Philip C Jessup International Law Moot Court Competition", Jura 1982, 111 – 112

Augustin, Lukas/Wolter, Detlev: Philip C Jessup International Law Moot Court Competition 1981 – ein völkerrechtliches Prozeßspiel, JuS 1981, 388 – 389

Barton, Stephan: Strafverteidigungsorientierte Ausbildung im Studium, JA 2001, 164 – 168

Bleckmann, Albert/Erberich, Ingo/Pieper, Stefan Ulrich: Moot Courts als Lehrveranstaltung – Ein Erfahrungsbericht, JuS 1993, 173-175

Blöcker, Christian/Thiele, Leslie/Wulf, Wilfried: Philip C Jessup International Law Moot Court Competition 1979, JuS 1979, 532

Bücker, Andreas/Woodruff, William A.: Clinical Legal Education – eine Option für die deutsche Juristenausbildung?, JZ 2008, 1068 – 1076

Dörr, Oliver: EG-Moot-Court in Berlin, Jura 1998, 110 – 111

Ernst, Martina: Philip-C-Jessup International Law Moot Court Competition 1988, Jura 1989, 52 – 53

Ernst, Martina: Philip-C-Jessup International Law Moot Court Competition 1987, JuS 1987, 838 – 839

Griebel, Jörn: Uni Köln: Moot Court–Wettbewerb im Bürgerlichen Recht – Erfolgreicher Start im Sommersemester 2009, JuS 2009, XI-XII

Hein, Lars: European Law Moot Court Competition 1997/1998 – Regionalfinale in Berlin, Jura 1998, 331

Hellbeck, Eckhard: Philip C Jessup International Law Moot Court Competition 1984 in Berlin und Washington, JuS 1985, 325 – 326

Hommelhoff, Peter/Teichmann, Christoph: Forum: Modernisierung in Kontinuität – die Revolution der Juristenausbildung, JuS 2001, 841 – 845

Huck-Schade, Johanna Maria: „Soft skills auf der Spur“, Weinheim 2003

Jacob, Thiham/Bangert, Ulrich/Gröger, Ferdinand/Käde, Andreas: "Professor Telders Moot Court Competition" in Bonn, JuS 1981, 779 – 780

Jansen, Nicola: Erfahrungsbericht – Pilotprojekt – Moot-Court-Wettbewerb an der Rechtswissenschaftlichen Fakultät Bonn, Jura 1998, 109 – 110

Junius, Andreas/Raddatz, Thomas F./Rainer, Wolfram/Stücken, Bernd Uwe: International Moot-Court-Competition – Straßburg 1979, JuS 1980, 467 – 468

Kee, Christopher, The Art of Argument – A Guide to Mooting, Cambridge 2006

Kilger, Hartmut: Moot Court – Zur Nachahmung empfohlen, AnwBl 1999, 41

Kilian, Matthias: „Das anwaltliche Mandat“, München 2008

Koch, Harald: Prozeßrechtslehre aus Anwaltssicht – Ein Plädoyer für den Perspektivenwechsel in der Juristenausbildung, JuS 2000, 320 – 327

König, Christian: European Law Moot Court 1999/2000 vor dem EuGH in Luxemburg, Jura 2001, 63 – 65

Lang, Andrej/Bühring, Ferry: Anleitung zum "Mooten" – Ein Erfahrungsbericht von der European Law Moot Court Competition 2002/03, Jura 2003, 791 – 792

Leonardy, Matthias/Meier, Arnd: Zwölfte "Prof B M Telders-Moot-Court-Competition in Den Haag", Jura 1990, 390 – 391

Lynen, Felix/Warken, Sebastian: Anwaltsorientierte Moot Courts an der Ruprecht-Karls-Universität Heidelberg – Lehrveranstaltung der Zukunft!, JuS 2003, 1142 – 1143

Mattheus, Daniela/Teichmann, Christoph: Anwaltsorientierte Arbeitsgemeinschaften, JuS 2003, 633 – 638

Mickwitz von, Elena/Niehoff, Anneliese: Erfahrungsbericht – „Moot Court-Kommunikation vor Gericht unter geschlechtsspezifischen Aspekten", Jura 2002, 860 – 861

Müller, Dirk: 10. "Prof B. M. TELDERS Moot Court Competition" in Den Haag, Jura 1988, 447 – 448

Münchau, Mathias/Rohde, Christian: Philip C Jessup International Law Moot Court Competition 1987 in Kiel, Jura 1987, 502

Nieschlag, Alexa: Fifth Annual Willem C Vis International Commercial Arbitration Moot, Jura 1998, 671 – 672

Petry, Nicole: ELSA Moot Court Wettbewerb, AnwBl 1995, 301 – 302

Raiser, Thomas: Reform der Juristenausbildung – Förderung von Beratungs- und Gestaltungsaufgaben als Ziel der Juristenausbildung, ZRP 2001, 418 – 423

Rapp, Angela: Philip C Jessup International Law Moot Court Competition 1985 in Berlin und New York, Jura 1986, 278 – 279

Rinze, Jens: Dritter European Law Moot Competition 1991/92 in Lissabon, Dublin und Luxemburg, Jura 1992, 613 – 614

Römermann, Volker (Hrsg.): Schlüsselqualifikation für Jurastudium, Examen und Beruf, München 2003

Schmidt-Räntsch, Jürgen: Der Bundesentscheid des Moot Court Deutschland am 2. April 2004 im Bundesgerichtshof, Jura 2005, 193-198

Schollendorf, Kai: Philip C Jessup International Law Moot Court Competition 1998 in Göttingen, Jura 1998, 390

Schroeter, Ulrich: Der Wilhelm C. Vis International Commercial Arbitration Moot – Herausforderung für Studenten mit Interesse am internationalen Wirtschaftsrecht, JuS 1996, 83 – 85

Schulze, Eva-Maria: Philip C. Jessup International Law Moot Court Competition 1989 in Berlin und Chicago, JuS 1989, 1030 – 1031

Schulze, Eva-Maria: Philip C Jessup International Law Moot Court Competition 1989 in Berlin und Chicago, Jura 1989, 499

Spillane Meghan, International Moot Court: An Introduction, New York 2007

Staufenbiel, Peter/Meurer, Nils: Anwalt – Beruf oder Berufung? Die Vorbereitung auf den Anwaltsberuf in Studium und Referendariat, JA 2006, 649 – 651

Stephan, Thomas: Bericht über den Moot-Court Bundesentscheid beim BGH, Jura 2000, 303 – 307

Tenbrock, Klaus: Willem C Vis Moot Court – Endrunde in Wien, Jura 1998, 165

Thümmel, Max: Gerichtsverhandlungen für Jurastudenten – Das Finale des ersten Moot Courts der Universität zu Köln zwischen Theorie und Praxis, JA 2010, VI

Wahrendorf, Volker: Moot Court – interaktives Handeln in einer verwaltungsprozessualen Vorlesung, NWVBl 2003, 236 – 240

Weizer, Paul I.: „How to please the court – a moot court handbook“, New York u.a. 2004

Wegen, Gerhard: Philip C Jessup International Law Moot Court Competition 1977, JuS 1978, 68 – 69

Wehlau, Andreas: Moot Courts – Anregungen aus dem anglo-amerikanischen Rechtskreis für eine Verbesserung der deutschen Juristenausbildung, JZ 1992, 942 – 946

Welzel, Stephan/Spangenberg, Sven: Zur Nachahmung empfohlen: Übung im Forensischen Argumentieren an der Universität Hamburg, JuS 1992, 980 – 982

Wetzel, Jan: Internationale Moot Courts, JA 2000, 523 – 525

William, Brian/Haft, Fritjof: Ausbildungs-Planspiele (Gerichtsspiele) an deutschen und US-amerikanischen Rechtsfakultäten, JA 1983, 17 – 19

Wolf, Christian: Anwaltsorientierung beginnt im Studium, in: JA für Erstsemester, 85-88

Zeitfracht Medien GmbH
Ferdinand-Jühlke-Straße 7
99095 Erfurt, Deutschland
produktsicherheit@kolibri360.de